RÉSONANCES

Collection dirigée par Étienne CALAIS

Étude sur

MARIVAUX

Le Jeu de l'amour et du hasard

par Jean-Pierre Perchellet

Maître de conférences
à l'université Marc Bloch à Strasbourg

ellipses

Dans la même collection

RÉSONANCES – ÉTUDES SUR…

• *Antigone,* Anouilh • *Alcools,* Apollinaire • *Aurélien,* Aragon • *La Peau de chagrin,* Balzac • *Le Père Goriot,* Balzac • *Les Fleurs du Mal,* Baudelaire • *Le Barbier de Séville,* Beaumarchais • *Le Mariage de Figaro,* Beaumarchais • *En attendant Godot,* Beckett • *La Modification,* Butor • *La Chute,* Camus • *Les Justes,* Camus • *Voyage au bout de la nuit,* Céline • *Partage de midi,* Claudel • *La Machine infernale,* Cocteau • *Le Blé en herbe,* Colette • *Jacques le Fataliste,* Diderot • *L'Amant,* Duras • *Bouvard et Pécuchet,* Flaubert • *Madame Bovary,* Flaubert • *La Symphonie pastorale,* Gide • *Un barrage contre le Pacifique,* Duras • *Un roi sans divertissement,* Giono • *Amphitryon 38,* Giraudoux • *Électre,* Giraudoux • *La guerre de Troie n'aura pas lieu,* Giraudoux • *Nouvelles de Pétersbourg,* Gogol • *Les Châtiments,* Hugo • *Les Liaisons dangereuses,* Laclos • *Désert,* Le Clézio • *Les Fausses Confidences,* Marivaux • *Le jeu de l'amour et du hasard,* Marivaux • *L'Ile des esclaves,* Marivaux • *Bel-Ami,* Maupassant • *Boule de suif,* Maupassant • *Le Horla,* Maupassant • *Pierre et Jean,* Maupassant • *Une vie,* Maupassant • *Amphitryon,* Molière • *Dom Juan,* Molière • *Le Misanthrope,* Molière • *Lettres persanes,* Montesquieu • *Les Caprices de Marianne,* Musset • *La Confession d'un enfant du siècle,* Musset • *Sylvie* et *Aurélia,* Nerval • *Manon Lescaut,* L'abbé Prévost • *Un amour de Swann*, Proust • *La Règle du jeu*, Renoir • *Les Confessions* (I-IV), Rousseau • *Enfance,* Sarraute • *Les Mains sales,* Sartre • *Les Mots,* Sartre • *Les Mouches,* Sartre • *Éthiopiques,* Senghor • *Le Parfum,* Süskind • *Vendredi ou les limbes du Pacifique,* Tournier • *Le Silence de la mer,* Vercors • *Mémoires d'Hadrien*, Yourcenar • *Les Nouvelles orientales,* Yourcenar • *Le Roman de Tristan et Iseut.*

RÉSONANCES MÉTHODIQUES

• Enrichir son vocabulaire • Rédiger avec élégance • Maîtriser l'orthographe et la grammaire • Étude d'un texte argumentatif • Commentaire littéraire ou étude littéraire • La dissertation littéraire • L'oral de français • Méthodologies de l'épreuve de Lettres des Terminales L et ES

RÉSONANCES THÉMATIQUES

• Petite anthologie européenne du roman d'apprentissage • Le conte philosophique voltairien • Le bon sauvage • Le drame romantique • Les écrivains russes du XIXe siècle • Malraux et le roman • Maupassant et le roman • Métamorphoses • Le mythe antique dans le théâtre du XXe siècle • La poésie engagée • Le roman d'apprentissage au féminin • Le roman d'apprentissage en France au XIXe siècle • Souvenirs et mémoire • La tragédie racinienne

ISBN 2-7298-4969-6

L'ŒUVRE ET SES CONTEXTES

I. CONTEXTE HISTORIQUE : UNE HISTOIRE EN MOUVEMENT

1. Du siècle de Louis XIV au siècle de Louis XV

Le 1er septembre 1715, Louis XIV meurt à Versailles. Le plus long règne que la France ait connu (73 ans) s'achève alors. Son arrière-petit-fils, Louis XV, n'a que cinq ans. En attendant sa majorité (1723), le pouvoir est confié à son grand-oncle, Philippe d'Orléans. Une ère nouvelle commence : à bien des égards, la Régence peut être considérée comme une période de réaction face à l'austérité des années précédentes. Comme pour bien marquer la différence, la cour abandonne Versailles et regagne Paris ; la noblesse, depuis longtemps tenue à l'écart des responsabilités par Louis XIV, met tout en œuvre pour reconquérir la première place qu'elle estime devoir lui revenir dans la société. Nobles et grands bourgeois se retrouvent au cours de « fêtes galantes » qui se déroulent dans une atmosphère de luxe et de raffinement suprême, ce dont les œuvres du peintre Watteau (1684-1721) rendent bien compte. Libertin et ami des arts, le Régent donne l'exemple et favorise l'émancipation des mœurs ; une « morale du plaisir » commence à s'imposer. Enfin, la paix restaurée, une situation économique favorable, permettent à certains de s'enrichir rapidement, grâce notamment au commerce international, à l'industrialisation naissante du pays ou encore à la spéculation[1] : petit à petit, la fortune tend à remplacer la naissance comme critère de qualité.

---

1. C'est à cette époque que la banque de Law permet à quelques-uns de bâtir des fortunes considérables, dont certaines seront vite perdues lorsque le banquier fera faillite.

2. La société française : une société d'ordres

La société d'Ancien Régime, qui perdure en France jusqu'à la Révolution, s'organise en trois ordres nettement différenciés : **le clergé** (qui prie), **la noblesse** (qui assure la défense du pays) et **le tiers état** (qui travaille). Ces catégories ne sont donc pas déterminées en fonction de la richesse des individus mais du rôle qu'ils tiennent dans la société ou de leur naissance (on naît noble ou roturier) même si l'argent permet de subdiviser chacun des ordres en plusieurs sous-catégories. Ainsi, la petite noblesse rurale, souvent pauvre, est plus proche du paysan, par son mode de vie et ses préoccupations, que du représentant de la haute noblesse, fort riche (ou fort endetté) et qui vit à la cour une grande partie de l'année, lequel est lui-même difficile à distinguer du grand bourgeois, commerçant ou financier. Sous les clivages sociaux (les ordres), un critère économique vient donc brouiller les pistes, d'autant plus que des mariages de plus en plus fréquents allient la haute noblesse à la haute bourgeoisie. Chacun y trouve son compte : le noble ruiné offre le prestige lié à son titre au bourgeois qui apporte l'argent. En revanche, il est presque impossible à l'homme du peuple, ouvrier, paysan, domestique, d'échapper à sa condition première : quel noble ou bourgeois riche épouserait une paysanne ou une servante pauvre ?

II. CONTEXTE CULTUREL : LES LUMIÈRES NAISSANTES

1. La littérature : la tentation du réel

Après l'austérité caractéristique de la fin du règne de Louis XIV, fortement imprégnée de résignation, sinon de fatalisme, face à un monde considéré comme immuable, les hommes du XVIIIe siècle prennent conscience de leur liberté et réalisent qu'il sont, au moins en partie, responsables de leur sort. Déjà **Bayle** (1647-1706) ou **Fontenelle** (1657-1757), convaincus que le progrès était possible, avaient critiqué l'immobilisme de leurs contemporains. La querelle des Anciens et des Modernes avait vu triompher les seconds, contestant l'idée que la seule beauté artistique possible était celle qu'on rencontrait dans les œuvres de l'antiquité : le Siècle de Louis XIV n'a-t-il pas produit des chefs-d'œuvre, grâce à Molière, Racine et La Fontaine, par exemple ?

Rapidement, l'esprit nouveau, critique voire contestataire, investit la littérature. En 1721, **Montesquieu** (1689-1755) publie les *Lettres persanes*[1], brillante et amusante satire des mœurs françaises contemporaines en même temps que critique politique à peine dissimulée. **Voltaire**, dans ses *Lettres philosophiques* (1734), prend la défense de la liberté politique et religieuse, se livre à un éloge du progrès et témoigne de sa confiance en l'homme.

C'est peut-être cette même confiance en l'humanité et en l'idée de progrès qui pousse les auteurs à délaisser les romans exotiques, féeriques ou d'aventures qui avaient connu un grand succès à la fin du règne de Louis XIV. La génération nouvelle (Lesage, Prévost, Marivaux) veut rendre compte de la vie, du réel. Le roman tente de présenter au lecteur « le tableau de la vie humaine[2] ». Toutes les classes sociales s'y croisent ou s'y côtoient, ce qui permet encore aux romanciers de critiquer, au moins allusivement, la société de leur temps et les mœurs à la mode.

2. Courant artistique : styles nouveaux

Comme illustration de la recherche des plaisirs, le style « rocailles » succède à la rigueur majestueuse du style classique versaillais. Une certaine fantaisie s'impose désormais. Architectes et décorateurs jouent avec les lignes courbes et les chinoiseries entortillées ; les jardiniers découvriront bientôt le style anglais et organiseront un savant désordre pour remplacer la symétrie des allées rectilignes héritées de Le Nôtre[3] ; les peintres exploitent volontiers des thèmes galants, etc.

Antoine Watteau (1684-1721) est un des peintres français de la Régence parmi les plus représentatifs : peintre de fêtes galantes, des *Plaisirs du bal*, du *Pèlerinage à l'île de Cythère* (où se trouve le

1. Voir Robert Benet, *Étude sur « Les Lettres persanes »*, Paris, Ellipses, « Résonances », 1999.
2. Crébillon fils, préface aux *Égarements du cœur et de l'esprit* (1736).
3. André Le Nôtre (1613-1700) a notamment conçu les jardins de Vaux-le-Vicomte, des Tuileries (à Paris) et de Versailles, inventant le « jardin à la française ».

temple d'Aphrodite, déesse grecque de l'amour), il est aussi le peintre des gens de théâtre, notamment des Comédiens-Italiens (c'est un monde qu'il connaît bien pour avoir été l'élève de Gillot (1673-1721), directeur des décorations et des costumes de l'Opéra). Watteau, peignant *L'Amour au Théâtre-Français* ou *Les Comédiens-Italiens*, transpose sur la toile l'ambiguïté entretenue par le théâtre entre réalité et fiction, vrai et faux, vie et jeu, sincérité et artifice, autant de thèmes qui révèlent l'esprit même de cette époque au cours de laquelle les comédiens ne sont pas les seuls à jouer la comédie…

3. Le théâtre à Paris au temps de Marivaux

À l'époque de Marivaux, Paris compte trois troupes permanentes et de nombreuses entreprises de spectacles qui ne travaillent qu'au moment des foires (Foire Saint-Germain de février à Pâques, Foire Saint-Laurent en août / septembre). Ces trois troupes sont l'Académie royale de musique (Opéra), la Comédie-Française et la Comédie-Italienne.

D'un point de vue hiérarchique, l'**Académie royale de musique** est le premier théâtre de la capitale. Fondée en 1669, on y représente les opéras français, pour une grande partie calqués sur le modèle donné par le musicien Lully (1632-1687) et le librettiste Quinault (1635-1688). À l'époque de Marivaux, elle est installée à côté du Palais-Royal. L'Opéra est de plus en plus apprécié au cours du XVIIIe siècle. Les Parisiens aiment le spectaculaire et en trouvent en abondance aux représentations qui y sont données : on y change plusieurs fois de décors grâce à des jeux de machinerie complexes ; on y voit des orages, des tempêtes, des palais incendiés ou détruits par des magiciens, etc.

Fondée en 1680, la **Comédie-Française** regroupe les plus célèbres comédiens du temps. En effet, Louis XIV y a rassemblé les anciens compagnons de Molière (auxquels s'étaient déjà joints certains acteurs du théâtre de l'Hôtel du Marais) et les meilleurs éléments du théâtre de l'Hôtel de Bourgogne, troupe tragique prestigieuse qui a créé la plupart des œuvres de Racine jusqu'à sa dernière pièce, *Phèdre* (1677). La Comédie-Française, également appelée Théâtre-Français, est en fait la seule troupe constituée à Paris ayant, tout au long de l'année, le droit de donner des représentations en français (d'où son nom). Installée rue des Fossés-Saint-Germain-des-Prés, en face du Café Procope (actuellement rue de l'Ancienne Comédie), elle joue tous les jours, le plus souvent deux pièces à la suite l'une de l'autre : une tragédie ou une comédie en cinq actes, suivie d'une petite comédie en un, deux ou trois actes.

Les **Comédiens-Italiens** s'étaient fixés à Paris en 1660. Ils jouent en italien mais des scènes françaises viennent s'intercaler dans leurs pièces. Leur jeu vif et proche de la tradition farcesque leur assure un brillant succès public, d'autant plus que les acteurs improvisent en grande partie. En 1680, ils s'installent à l'Hôtel de Bourgogne, dans le quartier des Halles et rapidement, leur répertoire inclut de plus en plus souvent des pièces entièrement en français, malgré le privilège des Comédiens-Français. En 1697, l'annonce de la représentation de *La Fausse Prude* devait les faire chasser de Paris : le pouvoir craignait en effet que ce titre ne dissimulât une violente attaque contre Mme de Maintenon, ancienne maîtresse de Louis XIV qu'il avait secrètement épousée en 1683.

Ce n'est qu'en 1716 que le Régent réinstalle une troupe d'Italiens à Paris. Après avoir passé une quinzaine de jours dans la salle de l'Opéra au Palais-Royal, ils retrouvent le théâtre de l'Hôtel de Bourgogne et un public avide de plaisirs, de divertissements et de nouveauté. La troupe est dirigée par Luigi Riccoboni (dit Lélio), qui a réuni des acteurs parmi les plus célèbres en Italie : notamment Joseph Balletti (dit Mario), Tomaso Vincentini (dit Thomassin), Gianetta Benozzi (dite Silvia) et Hélène Balletti (dite Flaminia).

III. CONTEXTE DRAMATURGIQUE

1. La comédie après Molière

En 1673, Molière meurt à l'issue de la quatrième représentation de sa dernière pièce *Le Malade imaginaire*. Certes, la perte est grande, et même irréparable, mais de nouveaux auteurs comiques comme,

Dancourt, Dufresny, Lesage, Regnard et Destouches, tentent d'assurer la relève[1].

Florent Carton, dit Dancourt (1661-1725) fait jouer à la Comédie-Française un nombre considérable de petites comédies en un acte. Son succès est tel que les contemporains inventent un nom pour désigner le genre de pièces qu'il invente : la « dancourade ». Auteur et acteur, comme Molière, il a le sens de l'efficacité et de la vivacité des dialogues*. Il n'hésite pas à mettre en scène des thèmes d'actualité, à critiquer les mœurs du temps et les folies du jour dans des pièces peut-être plus cyniques* que comiques : il s'en prend, par exemple, aux femmes de parvenus aspirant à la noblesse dans *Les Bourgeoises de qualité* (1700), critique la folie du jeu dans *La Désolation des joueuses* (1687) et *La Loterie* (1697), ou dénonce la spéculation dans *Les Agioteurs* (1710).

Alain-René Lesage (1668-1747) est un auteur comique particulièrement fécond qui a surtout écrit pour les théâtres installés à la Foire. Il a toutefois donné au Théâtre-Français plusieurs comédies dont deux importantes : *Crispin rival de son maître* (1707), pièce dans laquelle le valet Crispin prend la place de son maître et tente d'épouser la fille d'un riche bourgeois à sa place, et *Turcaret* (1709), dénonciation violente de la société contemporaine ; le valet Frontin résume la pièce : « Nous plumons une coquette ; la coquette mange un homme d'affaires ; l'homme d'affaire en pille d'autres : cela fait un ricochet de fourberies le plus plaisant du monde. » (I, 10.) Cette comédie, la plus noire peut-être de toutes celles de cette époque, décortique le fonctionnement de la société en mettant en scène des valets ambitieux, des financiers sans scrupules, des usuriers et des profiteurs en tous genres, des coquettes cyniques*, autant de personnages qui témoignent bien de la place prépondérante que prend alors l'argent.

Jean-François Regnard (1655-1709) a travaillé aussi bien pour les Italiens avant qu'ils ne soient chassés de Paris que pour les Français auxquels il a donné, entre beaucoup d'autres, *Les Folies amoureuses* (1704) et *Le Légataire universel* (1708), deux comédies dans lesquelles les valets intrigants, ambitieux et voleurs tiennent le premier rôle. Et si l'intrigue de la première est particulièrement exubé-

---

1. *Maîtres et Valets dans la comédie française du XVIIIe siècle*, Paris, Ellipses, « Retour au texte », 1999.

rante et d'une gaieté rappelant les farces des anciens Italiens, le fond n'en est pas moins critique : c'est à une véritable dénonciation de la condition de valet que se livrent aussi bien Lisette que Crispin (acte I).

Philippe-Néricault Destouches (1680-1754), qui appartient à la génération suivante, préfère la comédie sérieuse ; il veut instruire son public en l'amusant, apporter « une pure et saine morale modérément assaisonnée de bonnes plaisanteries et de quelques traits délicatement caustiques[1] ». Il aime présenter des personnages sympathiques et vertueux, comme Pasquin qui est indigné par la conduite de son maître dans *L'Ingrat* (1712) ; et lorsqu'ils ont quelques petits défauts, ils s'en corrigent aisément au dernier acte, comme le vaniteux comte de Tufière, sauvé par son bon cœur (*Le Glorieux*, 1732). S'il invente en quelque sorte la comédie larmoyante que fera triompher Nivelle de La Chaussée (1692-1754), Destouches reste un véritable auteur comique, sachant mêler aux scènes attendrissantes d'autres scènes enlevées et simplement amusantes.

2. La comédie au Théâtre-Italien

À leur retour à Paris, en 1716, les Italiens donnent principalement les pièces de l'ancien répertoire de la troupe. Ils rencontrent d'abord un grand succès mais, malgré les jeux de scènes comiques dont ils étaient spécialistes, les Parisiens, qui s'étaient déshabitués de la langue italienne, commençaient à les délaisser. En 1718, **Jacques Autreau** (1657-1745) leur offre leur première pièce nouvelle entièrement écrite en français, *Le Naufrage au Port-à-l'Anglais*, qui triomphe littéralement. Après une période d'adaptation, les Comédiens-Italiens ne joueront plus qu'en français. Pour cela, ils ont besoin de pièces et d'auteurs nouveaux : avec **Delisle de La Drevetière** (1682-1756), auteur d'*Arlequin sauvage* (1721) et de *Timon le misanthrope* (1722), deux grands succès, Marivaux sera l'un des plus importants.

1. Préface de *La Force du naturel* (1750).

IV. MARIVAUX[1]

Pierre Carlet, fils d'une famille de la petite noblesse, est né à Paris le 4 février 1688. Il passe une grande partie de son enfance et de son adolescence en Auvergne, à Riom, où son père a été nommé contrôleur contre-garde de la Monnaie en 1698 avant d'en devenir directeur (1704). Après avoir probablement fréquenté le collège des Oratoriens de Riom, il s'inscrit à l'École de droit de Paris en 1710.

Dans la capitale, il fréquente les salons intellectuels à la mode, comme celui de Mme de Lambert ou de Mme de Tencin. Il se lie d'amitié avec Fontenelle et Houdar de La Motte dont il partage les idées esthétiques, ce qui le range dans le clan des Modernes. Rapidement, il abandonne le droit pour se consacrer à la littérature. Dès 1712, il publie une première comédie en un acte et en vers, *Le Père prudent et équitable*, et l'année suivante paraît un roman intitulé *Les Effets surprenants de la sympathie*. La double orientation de la carrière de Marivaux est tracée : **il sera dramaturge et romancier**, activités auxquelles il ajoutera celle de **journaliste**.

1. Marivaux journaliste

Pendant près de quinze ans, Marivaux est journaliste. Il débute en donnant des articles dans l'un des plus importants périodiques de l'époque, *Le Mercure de France*, qui paraît alors chaque mois. Son premier texte publié est une « Lettre sur les habitants de Paris » (1717), titre qui annonce déjà l'intérêt que l'auteur porte à la réalité qui l'entoure. Il y décrit la vie des nobles de province et du petit peuple de Paris, délaissant la Cour et la haute noblesse, trop connus.

En 1721, Marivaux lance son propre journal qu'il intitule *Le Spectateur français*. Vingt-cinq numéros paraîtront (jusqu'en 1724). Viendront ensuite *L'Indigent philosophe* (1727) et *Le Cabinet du philosophe* (1734). Dans ces différents journaux, Marivaux veut amuser et instruire le public tout à la fois. Il fait alterner le récit de petites histoires de tous les jours et des morceaux d'analyse en tous genres. Il rapporte ce qu'il a vu, lu ou entendu : « les manèges de

1. Pour plus de détails, voir Karine Bénac, *Marivaux*, Paris, Ellipses, « Mentor », 1999.

l'ambition, les tourments de l'avarice, la perfidie ou la lâcheté des amis, l'ingratitude des enfants et l'injustice des pères, l'insolence des riches, la tyrannie des protecteurs[1] ». S'il sait bien que l'homme peut toujours être tenté d'abuser son prochain, voire de s'abuser lui-même, il préfère rester optimiste et confiant dans l'idée du progrès de l'esprit humain ; il lance des idées, parfois audacieuses, concernant la condition des femmes, le danger que peut représenter l'argent, l'importance du milieu familial dans l'éducation des enfants, le rôle de l'écrivain, l'omniprésence du jeu, donc du mensonge et du masque, dans la vie sociale, etc. « Je sais bien en gros que les hommes sont faux, que dans chaque homme il y en a deux pour ainsi dire : l'un qui se montre et l'autre qui se cache », écrit-il avant de se rassurer :

> Les hommes sont faux ; mais ce qu'ils pensent dans le fond de l'âme perce toujours à travers ce qu'ils disent et ce qu'ils font[2].

2. Marivaux romancier

En 1731, Marivaux publie les premiers volumes de *La Vie de Marianne*, roman qui restera inachevé, tout comme *Le Paysan parvenu*, second grand roman de l'auteur publié en 1734-1735. Les deux œuvres sont rédigées à la première personne du singulier : ce sont Marianne et Jacob qui racontent leur propre vie. Ainsi s'instaure une sorte de dialogue entre le héros et le lecteur. Les deux œuvres mettent en scène des jeunes gens venant de province et qui découvrent Paris.

Marianne, jeune orpheline sans appui et sans ressources affronte le monde pour faire reconnaître ses mérites. Rejetée par la société aristocratique, menacée de devenir la victime des libertins, ses aventures lui font côtoyer toutes les catégories de la population parisienne. Elle échappe à tous les pièges qui lui sont tendus grâce à son sens inné de l'honneur, prouvant que, dans ce monde de faux-semblants, les belles âmes, pures et sensibles, peuvent triompher de la méchanceté des

---

1. D'Alembert, *Éloge de Marivaux*, dans *Théâtre complet* de Marivaux, publié par Frédéric Deloffre, Paris, Garnier, Classiques, 1980-1981, t. II, p. 990.
2. *Le Cabinet du philosophe*, dans *Journaux et Œuvres diverses*, publié par Frédéric Deloffre et Michel Gilot, Paris, Garnier, Classiques, 1988, p. 390 et 397.

hommes. Roman galant, roman réaliste, roman moral, *La Vie de Marianne* présente encore de nombreuses réflexions et remarques dénonçant l'hypocrisie* de la société du début du XVIIIe siècle.

Les « Mémoires » de Jacob, héros / narrateur du *Paysan parvenu*, se présentent comme une sorte de contrepartie, ou de « double » de *La Vie de Marianne*. Cette fois, c'est un jeune paysan qui cherche à s'intégrer à la haute société parisienne et semble y parvenir[1]. Comme Marianne, Jacob raconte sa propre histoire, ce qui lui permet de se livrer à des réflexions lucides sur les situations qu'il a vécues, analysant les étapes de son ascension sociale et décryptant les codes de la haute société parisienne qu'il veut s'approprier, en s'appuyant sur les femmes qui ne restent pas insensibles à son physique avantageux.

3. Marivaux dramaturge

Cette capacité d'observation développée dans les journaux et les romans de Marivaux, ce désir d'approcher et de rendre compte de la réalité de son temps, des faiblesses et des forces des êtres humains, se retrouvent à l'évidence dans son théâtre.

En 1720, Marivaux donne trois pièces : une tragédie, *La Mort d'Annibal*, qui échoue à la cinquième représentation au Théâtre-Français, et deux comédies créées chez les Italiens, *L'Amour et la Vérité* (en trois actes et en prose), qui n'attire guère le public, et *Arlequin poli par l'amour* (en un acte et en prose), représentée le 17 octobre, et grâce à laquelle il connaît son **premier grand succès à la scène**. Dès ces premières comédies, on voit apparaître **les thèmes majeurs de son œuvre à venir** : l'affrontement entre la sincérité et l'artifice imposé par la société dans la première, la prise de conscience d'un amour en train de naître dans la seconde. Marivaux semble avoir trouvé sa voie (la comédie et non la tragédie pourtant beaucoup plus prestigieuse) et son public (celui des Italiens). C'est à eux qu'il confiera une grande partie de ses pièces, devenant l'auteur attitré de la compagnie. Cette fidélité, cette constance lui permettent de connaître parfaitement les comédiens qui seront chargés de jouer ses pièces.

1. Le roman étant inachevé, on ne peut trancher véritablement la question, même si le titre indique que Jacob s'intégrera à la haute société.

Aussi écrit-il peut-être davantage pour des individus que pour une troupe, donnant à ses personnages le nom des acteurs chargés du rôle (ce qui était assez traditionnel au Théâtre-Italien) et sachant tirer parti de la finesse et de la souplesse de leur jeu.

Grâce à cette intimité entre auteur et comédiens, grâce aussi et surtout à l'accueil favorable que le public lui a réservé, **Marivaux peut tenter et parvient à renouveler le genre comique**. Il s'écarte de la comédie de mœurs et de la comédie de caractère qui continue à être jouée à la Comédie-Française[1], pour sonder les cœurs, soulever les masques imposés par la société. Mais tandis que Dancourt et Lesage en profitaient pour dénoncer, Marivaux reste indulgent : la sincérité ne peut que triompher du faux-semblant : les « fausses confidences » en dissimulent de vraies, et les déguisements permettent de faire éclater la vérité des âmes au terme d'une épreuve, douloureuse parfois, mais nécessaire. C'est **la comédie « de sentiment »** qu'invente Marivaux, comédie dans laquelle on se masque pour mieux découvrir l'autre et se découvrir soi-même, dans laquelle on se ment pour mieux saisir la vérité des mots et des sentiments : pour cela, on joue avec l'amour et le (faux) hasard.

On a souvent dit que Marivaux n'avait écrit qu'une seule pièce sous des titres différents[2]. C'est oublier qu'il est, comme dans les articles de journaux qu'il signe ou dans ses romans, **un auteur « engagé » au théâtre**. C'est ne penser qu'à ces comédies de sentiments mettant à nu les premiers émois de jeunes gens étonnés et éblouis par eux-mêmes sans voir que, dans ces pièces, précisément, si la critique sociale n'est pas directe, elle n'en est pas moins présente : Marivaux se montre toujours très attentif aux conditions, aux états, à l'immobilisme imposé par la société d'ordres. Au reste, il écrira quelques pièces tout à fait militantes au sujet de la condition des femmes (*La Colonie*) ou au sujet de celle des domestiques (*L'Île des esclaves*).

---

1. Parmi les pièces de Marivaux on pourrait classer parmi les comédies de mœurs *L'Héritier de village*, *Le Petit-Maître corrigé*, *La Commère* et *La Provinciale* ; *Le Legs* et *Les Sincères* pourraient être définis comme comédies de caractère.
2. Voir les « Jugements » sur la pièce en annexe, p. 82.

Chronologie

1688	Naissance à Paris de Pierre Carlet, fils de Nicolas Carlet et de Marie Bullet (4 février).	
1688		Charles Perrault ouvre la querelle des Anciens et des Modernes en publiant *Le Siècle de Louis le Grand.*
1697		Les Comédiens-Italiens sont chassés par Louis XIV.
1699		Mort de Racine.
1709		Création de *Turcaret,* comédie de Lesage, au Théâtre-Français. Mort de Regnard.
1710	Pierre Carlet s'inscrit à l'École de droit de Paris. Il commence à fréquenter Fonte-nelle et Houdar de La Motte.	
1711		Création de *L'Épreuve réciproque* de Legrand et Alain au Théâtre-Français.
1712	Parution anonyme du *Père prudent et équitable,* première comédie de Marivaux.	
1713-1714	Parution des *Effets surprenants de la sympathie,* premier roman de Marivaux.	
1714	Publication de *La Voiture embourbée* et du *Bilboquet.*	
1715	Seconde querelle des Anciens et des Modernes. Marivaux se range aux côtés des Modernes.	Mort de Louis XIV. Début du règne de Louis XV qui durera jusqu'en 1774. Philippe d'Orléans devient régent.
1716	Publication de *L'Iliade travestie.*	Les Comédiens-Italiens sont de retour à Paris. La troupe est dirigée par Luigi Riccoboni. Au Théâtre-Français, première représen-tation publique d'*Athalie,* tragédie de Racine.
1717	Marivaux épouse Colombe Bollogne, née en 1683. Ses premiers articles paraissent dans *Le Mercure.*	
1718		Création du *Naufrage au Port-à-l'Anglais* d'Autreau, première pièce jouée en français par les Comédiens-Italiens. Création d'*Œdipe,* tragédie de Voltaire, au Théâtre-Français.
1719	Naissance de Colombe-Prospère, fille de Marivaux.	

1720	*L'Amour et la vérité* (3 mars) et *Arlequin poli par l'amour* au Théâtre-Italien (17 octobre). *La Mort d'Annibal*, tragédie, au Théâtre-Français (16 décembre). Faillite de Law. Marivaux est ruiné.	
1721	Marivaux est bachelier et licencié en droit.	Delisle de La Drevetière donne *Arlequin sauvage* au Théâtre-Italien. Publication des *Lettres persanes* de Montesquieu. Mort de Watteau.
1721-1724	Marivaux rédige un périodique, *Le Spectateur français*.	
1722	*La Surprise de l'amour* au Théâtre-Italien (3 mai).	Delisle de la Drevetière donne *Timon le misanthrope* au Théâtre-Italien. Création du *Galant Coureur* de Legrand au Théâtre-Français. Mort du Régent.
1723	*La Double Inconstance* au Théâtre-Italien (6 avril). La femme de Marivaux meurt probablement cette année-là.	Majorité officielle de Louis XV. Création d'*Inès de Castro*, tragédie de Houdar de La Motte, au Théâtre-Français.
1724	*Le Prince travesti* (5 février), *La Fausse Suivante* (8 juillet) et *Le Dénouement imprévu* (2 décembre) au Théâtre-Italien.	
1725	*L'Île des esclaves* (5 mars) et *L'Héritier de village* (19 août) au Théâtre-Italien.	
1725		Louis XV épouse Marie Leszczynska. Mort de Dancourt.
1726	Ouverture du salon de Mme de Tencin que Marivaux fréquente (elle meurt en 1749).	
1727	*L'Île de la raison* (11 septembre) et *La Seconde Surprise de l'amour* (31 décembre) au Théâtre-Français. Publication d'un nouveau périodique : *L'Indigent philosophe.*	Création du *Portrait* de Beauchamps au Théâtre-Italien.
1728	*Le Triomphe de Plutus* (22 avril) au Théâtre-Italien.	
1729	*La Nouvelle Colonie* (18 juin) au Théâtre-Italien.	Création des *Amants déguisés* d'Aunillon à la Comédie-Française.
1730	*Le Jeu de l'amour et du hasard* (23 janvier) au Théâtre-Italien.	Création de *Brutus*, tragédie de Voltaire, au Théâtre-Français.
1731	*La Réunion des amours* (5 novembre) au Théâtre-Français.	Publication de *Manon Lescaut*, roman de l'abbé Prévost.
1731-1740	Publication de *La Vie de Marianne*, roman.	

1732	*Le Triomphe de l'amour* (12 mars) et *L'École des mères* (25 juillet) au Théâtre-Italien. *Les Serments indiscrets* (8 juin) au Théâtre-Français.	Création de *Zaïre*, tragédie de Voltaire, au Théâtre-Français.
1733	*L'Heureux Stratagème* (6 juin) au Théâtre-Italien. Mort de Mme de Lambert : Marivaux fréquentait son salon.	
1734	*La Méprise* (6 août) au Théâtre-Italien. *Le Petit-Maître corrigé* (6 novembre) au Théâtre-Français. Publication d'un troisième périodique, *Le Cabinet du philosophe*.	Parution des *Lettres philosophiques* de Voltaire.
1734-1735	Publication du *Paysan parvenu*, roman.	
1735	*La Mère confidente* (9 mai) au Théâtre-Italien.	
1736	*Le Legs* (11 juin) au Théâtre-Français. Publication de *Télémaque travesti* (écrit en 1714), sans l'accord de Marivaux.	
1737	*Les Fausses Confidences* (16 mars) au Théâtre-Italien. Publication de *Pharsamon*.	
1738	*La Joie imprévue* (7 juillet) au Théâtre-Italien.	
1739	*Les Sincères* (13 janvier) au Théâtre-Italien.	
1740	*L'Épreuve* (19 novembre) au Théâtre-Italien.	
1741-1748		Guerre de Succession d'Autriche.
1742	Marivaux est élu à l'Académie française (10 novembre), de préférence à Voltaire.	
1743-1762	Marivaux compose plusieurs discours qu'il lit lors des séances de l'Académie.	
1744	*La Dispute* (19 octobre) au Théâtre-Français.	
1745		Mme de Pompadour devient la favorite de Louis XV. Coustou achève les *Chevaux de Marly*. Mort d'Autreau.
1746	*Le Préjugé vaincu* (6 août) au Théâtre-Français.	
1747		Mort de Lesage.

1748		Traités d'Aix-la-Chapelle : fin de la guerre de Succession d'Autriche. Parution de *De l'esprit des lois* de Montesquieu et des *Bijoux indiscrets* de Diderot.
1749		Début de la publication de l'*Encyclopédie* de Diderot et d'Alembert. Voltaire est élu à l'Académie.
1750	Publication de *La Colonie* dans *Le Mercure.*	Publication du *Discours sur les sciences et les arts* de Rousseau.
1754	Publication de *L'Éducation d'un prince,* dialogue, dans *Le Mercure.*	Mort de Destouches.
1755	*La Femme fidèle,* représentée en privé (24 août).	Publication du *Discours sur l'inégalité* de Rousseau.
1757	Publication de *Félicie* dans *Le Mercure* et des *Acteurs de bonne foi* dans *Le Conservateur.*	
1758		Publication de *De la poésie dramatique* de Diderot et de la *Lettre à d'Alembert sur les spectacles* de Rousseau.
1760		La Comédie-Italienne fait appel à Goldoni.
1761	Publication de *La Provinciale* dans *Le Mercure.*	
1762		Fusion de la Comédie-Italienne et de l'Opéra-Comique.
1763	Mort de Marivaux à Paris (12 février).	

L'ŒUVRE EN EXAMEN

I. CRÉATION DE LA PIÈCE ET REPRÉSENTATIONS : UN SUCCÈS THÉÂTRAL

Créé le 23 janvier 1730, *Le Jeu de l'amour et du hasard*, dixième comédie de Marivaux jouée au Théâtre-Italien, a été représenté quinze fois dans sa nouveauté (jusqu'au 25 février). Auparavant, trois pièces du même auteur avaient fait mieux : *La Surprise de l'amour* avait été donnée vingt-deux fois, *Le Prince travesti*, dix-sept fois et *La Fausse Suivante*, seize fois[1]. Si l'on ne peut donc parler de triomphe, c'est au moins **un succès très honorable** pour l'époque et pour Marivaux lui-même. Cette comédie fut également donnée le 28 janvier de la même année à la cour où elle fut « très goûtée », selon le rédacteur du *Mercure de France*[2]. Son succès devait s'affermir pendant les années qui suivirent. Ainsi, entre 1715 et 1750, on a pu recenser cent une représentations rassemblant 42 066 spectateurs[3]. Depuis, on n'a cessé de jouer cette pièce dont le succès ne se dément pas et qui passe pour le chef-d'œuvre de l'auteur.

II. LE THÈME DU *JEU DE L'AMOUR ET DU HASARD* AVANT 1730

Avant que Marivaux n'écrive et ne fasse représenter *Le Jeu de l'amour et du hasard*, de nombreux auteurs avaient donné des pièces dans lesquelles maîtres et valets se travestissent* et échangent leur identité. Il est vrai que c'est là une source féconde de situations

1. Henri Lagrave, *Le Théâtre et le Public à Paris de 1715 à 1750*, Paris, Klincksieck, 1972, p. 586, note 9.
2. Janvier 1730, p. 145.
3. Henri Lagrave, *op. cit.*, p. 604.

comiques et de quiproquos burlesques. Il serait vain et fastidieux d'en dresser l'inventaire complet : si on ne sait pas de façon certaine lesquelles Marivaux pouvait connaître, on remarque toutefois que quelques-unes offrent des similitudes pour le moins troublantes qui permettent de dire qu'elles sont des sources d'inspiration au moins très probables.

1. Le Grand, Alain, Beauchamps et Aunillon

Le 6 octobre 1711, Marc-Antoine Le Grand (1673-1728) et Robert Alain (1680 ?-1720) donnaient au Théâtre-Français une comédie en un acte intitulée ***L'Épreuve réciproque***. Dans cette pièce, Valère, qui doit épouser Philaminte, veut s'assurer qu'il en est aimé. Il lui amène donc son valet Frontin, rebaptisé M. Patin, qu'il présente comme financier. De son côté, et pour les mêmes raisons, Philaminte fait passer sa suivante Lisette pour une comtesse.

Dans ***Le Galant coureur ou l'Ouvrage d'un moment***, comédie en un acte du même Le Grand, créée le 11 août 1722, une veuve se déguise en suivante pour observer à loisir le marquis de Floribel que ses parents lui destinent pour nouvel époux et vérifier si sa réputation de petit-maître est ou non fondée. De son côté, le marquis se déguise en « coureur », c'est-à-dire en valet de pieds qui portait les dépêches, avant de se présenter. Les deux maîtres travestis* tombent amoureux l'un de l'autre. La jeune veuve apprend la première la mascarade mais elle ne se dévoile pas, cherchant, comme la Silvia de Marivaux, à se faire aimer pour elle-même. Peine perdue, elle sera démasquée trop tôt.

Dans ***Le Portrait*** de Pierre-François Godard de Beauchamps (1689-1761), créé à la Comédie-Italienne le 9 janvier 1727, Silvia désire et redoute l'amour tout à la fois. Pour dégoûter Valère, son prétendu, elle prend le costume de sa suivante, Colombine, mais Valère la reconnaît d'après un portrait d'elle qu'il avait déjà vu. Il décide de jouer le jeu, annonce qu'il n'épousera pas Silvia, suscitant la fureur puis la jalousie de la jeune femme qu'il épousera, finalement.

Le 7 février 1728, l'abbé Pierre-Charles Aunillon (1684-1760) fait représenter ***Les Amants déguisés*** à la Comédie-Française. Cette fois, on trouve, comme dans *Le Jeu de l'amour et du hasard*, un double échange d'identité. Une comtesse prend la place de sa suivante, Finette, lorsque son oncle évoque le mariage qu'il a projeté pour elle : elle pourra ainsi le juger et, soit accepter cette union, soit rejeter le marquis s'il ne lui convient pas. Parallèlement, le marquis et Valentin, son valet, se font passer l'un pour l'autre. Les faux domestiques, comme les faux maîtres, se plaisent au premier regard. Après quelques péripéties, la supercherie sera dévoilée, et la pièce s'achèvera par un double mariage.

2. Chez Marivaux

Si le travestissement* est donc assez souvent utilisé par les auteurs comiques, Marivaux en a fait **un thème récurrent** de son théâtre. Des titres comme *La Fausse Suivante* ou *Le Prince travesti* (deux pièces créées en 1724) suffisent à le montrer mais on peut ajouter encore, notamment *La Double Inconstance* (1723) *L'Île des esclaves* (1725) ou *Le Triomphe de Plutus* (1728) pour ne parler que des pièces antérieures au *Jeu de l'amour et du hasard.*

Dans ***La Double Inconstance***, le prince, qui n'a pas hésité à faire enlever Silvia qu'il souhaite épouser, voudrait également en être aimé mais pour lui-même et non pour son titre ou parce qu'elle est sa prisonnière ; il se fait donc passer pour un simple cavalier auprès de Silvia et c'est sous cette identité qu'il parviendra à se faire aimer. Dans ***Le Prince travesti***, le prince de Léon fait sa demande en mariage déguisé en ambassadeur. Il peut ainsi vérifier que la princesse de Babylone accepte d'épouser l'homme plus que le prince. Avec ***La Fausse Suivante***, le thème de l'observation impartiale de l'autre apparaît : une jeune femme (le rôle était tenu par Silvia) se déguise en chevalier pour mieux connaître Lélio, l'homme qui lui est destiné. En 1725, Marivaux donne ***L'Île des esclaves***, au ton beaucoup plus polémique* : à la suite d'un naufrage, Arlequin et son maître, Iphicrate, Euphrosine et son esclave Cléanthis, se retrouvent sur une île dans laquelle les esclaves sont maîtres et les maîtres, esclaves. Les maîtres sont donc contraints de changer de nom, de costume et de condition et, c'est après avoir subi cette épreuve que chacun retrouvera sa place[1]. Enfin, dans une pièce allégorique*, ***Le Triomphe de Plutus*** (1728), Apollon se fait passer pour Ergaste, Plutus, pour M. Richard et tous deux s'affrontent, sous ces identités d'emprunt, pour séduire la jeune Aminte.

III. RÉSUMÉ

ACTE PREMIER

Scène 1. Silvia s'en prend à Lisette, sa femme de chambre. Elle lui explique qu'elle n'a pas un cœur fait de la même manière que les autres et lui reproche de n'avoir pas fait savoir à M. Orgon, son père, qu'elle ne souhaitait pas se marier. Si le futur époux proposé est aimable et bien fait de sa personne, ce qu'explique Lisette, elle ne le regrettera même pas. Après tout, saura-t-on s'il est raisonnable ? Les maris qu'elle connaît ne sont-ils pas tous querelleurs et désagréables lorsque tout le monde les juge aimables ?

Scène 2. M. Orgon survient ; il s'étonne de l'attitude de sa fille mais, foncièrement bon, il la rassure : si Dorante ne lui plaît pas, il ne la forcera pas à l'épouser. Silvia, désireuse d'observer Dorante, propose d'échanger son rôle avec Lisette pour le recevoir : elle se déguisera en femme de chambre tandis que Lisette prendra sa place. Ainsi, elle pourra mieux étudier son caractère et le juger objectivement. M. Orgon y consent.

Scène 3. Mario, frère de Silvia, arrive ; Lisette et Silvia le croisent en sortant pour échanger leurs vêtements.

Scène 4. M. Orgon met Mario au courant du stratagème imaginé par Silvia et révèle que Dorante a eu la même idée qu'elle : le père du jeune homme lui a écrit pour le prévenir qu'il se présentera sous l'identité de son valet avec lequel il aura échangé son rôle.

Scène 5. Silvia, transformée en femme de chambre, revient et avoue prendre goût à ce jeu : elle aimerait subjuguer Dorante sous ce déguisement. La conversation est interrompue par l'arrivée du valet de Dorante.

Scène 6. Dorante, travesti* en valet, entre ; il s'est rebaptisé Bourguignon. M. Orgon et Mario font mine de s'étonner de ses bonnes manières et du ton qu'il emploie ; ils le contraignent à tutoyer Silvia-Lisette avant de sortir pour les laisser en tête-à-tête.

---

1. Voir Danielle Jaines et Gil Charbonnier, *L'Île des esclaves*, Paris, Ellipses, « Résonances », 1999.

Scène 7. Dorante-Bouguignon fait un brin la cour à Silvia-Lisette qui se trouble ; elle s'étonne de trouver tant de qualités dans un simple valet et ne peut s'empêcher de le laisser voir.
Scène 8. Entre Arlequin, faux Dorante, qui se comporte comme en terrain conquis, parlant de Silvia comme de sa femme et de M. Orgon comme de son beau-père. Silvia-Lisette tente de le remettre en place avant de sortir pour prévenir M. Orgon de son arrivée, en se disant que ni maître ni valet ne semblent à leur place.
Scène 9. Dorante querelle Arlequin à qui il reproche ses manières et sa maladresse quand arrive M. Orgon.
Scène 10. Arlequin-Dorante tente de se montrer plus gracieux sans vraiment y parvenir. La balourdise du valet perce sous le langage ampoulé qu'il utilise.

ACTE II

Scène 1. M. Orgon et Lisette font le point sur la situation. Elle avoue qu'Arlequin-Dorante s'est épris d'elle, situation qui l'embarrasse : elle craint de nuire à sa maîtresse dans l'esprit du jeune homme. M. Orgon calme ses inquiétudes et lui assure qu'il lui permettra tout, même le mariage. Soulagée, Lisette rêve de changer rapidement de condition. Quant à Silvia, aux dires de Lisette, elle semble mélancolique et tout aussi rêveuse que Bourguignon-Dorante.
Scène 2. Arlequin-Dorante arrive et M. Orgon le laisse seul avec Lisette-Silvia.
Scène 3. Arlequin fait la cour à Lisette-Silvia qui, coquette, lui répond adroitement sans le décourager.
Scène 4. Bourguignon entre à son tour mais se fait chasser par son faux maître.
Scène 5. La conversation reprend entre Lisette-Silvia et Arlequin-Dorante, chacun prenant l'autre pour une personne de condition. Ils finissent par se jurer qu'ils s'aimeront toujours.
Scène 6. Silvia-Lisette intervient. Elle souhaite parler à sa « maîtresse » et Lisette-Silvia prie Arlequin-Dorante de les laisser seules.
Scène 7. Silvia ordonne à Lisette de décourager Arlequin-Dorante (qu'elle croit son fiancé) : elle déclare le haïr. S'abritant derrière les ordres qu'elle a reçus de M. Orgon, Lisette refuse et soupçonne Bourguignon d'avoir prévenu Silvia contre son maître. Silvia prend aussitôt sa défense à la stupéfaction de Lisette qui se retire, chassée par Silvia.
Scène 8. Restée seule, Silvia s'attendrit sur Bourguignon qui arrive.
Scène 9. Dorante-Bourguignon annonce qu'il va partir. Bien que fortement troublée par cette nouvelle, Silvia-Lisette déclare qu'elle est indifférente à ce départ, qu'elle ne l'aime pas et ne l'aimera jamais. Ils se font

leurs adieux mais ne parviennent pas à se séparer. Désespéré, Dorante-Bourguignon se jette à ses pieds.
Scène 10. Silvia-Lisette ne parvient à faire se relever Dorante-Bourguignon qu'en reconnaissant qu'elle ne le hait pas. M. Orgon, qui a assisté avec Mario, en secret, au début de cette scène, intervient et déclare vouloir parler à la femme de chambre de sa fille. Dorante-Bourguignon sort donc.
Scène 11. M. Orgon et Mario taquinent Silvia qui se déclare lasse de jouer son rôle ; elle affirme ne pas aimer le moins du monde Arlequin-Dorante et souhaiterait se démasquer pour mettre fin au jeu mais M. Orgon le lui interdit, expliquant qu'il craint que l'aversion de Silvia ne soit pas encore solidement fondée. Ils se retirent, la laissant seule et troublée.
Scène 12. Dorante-Bourguignon reparaît, décidé, lui aussi, à en finir. Il avoue qu'il n'est pas Bourguignon mais Dorante. La joie succède au désespoir chez Silvia-Lisette qui réalise qu'elle n'était pas amoureuse d'un valet. Toutefois, elle se garde bien de se démasquer.
Scène 13. Mario s'approche et Dorante sort. Silvia fait part de sa découverte et de sa joie à son frère. Déjà, elle imagine un nouveau stratagème et demande à Mario de feindre de l'aimer.

ACTE III

Scène 1. Arlequin supplie son maître de le laisser encore un peu jouer son rôle, croyant sa fortune sur le point d'être faite, puisqu'il est aimé d'une jeune femme de condition. Il se résout à proposer de se démasquer. Dorante cède : si Lisette-Silvia ne le repousse pas sachant qu'il n'est qu'un valet, il autorisera le mariage. Arlequin sort pour chercher la jeune femme.
Scène 2. Mario entre et désespère Dorante en lui interdisant de faire la cour à Silvia-Lisette : lui-même l'aime et ne veut pas d'un Bourguignon pour rival.
Scène 3. Silvia-Lisette arrive à son tour et Mario chasse Bourguignon qui ne peut qu'obéir, laissant celle qu'il aime en compagnie de son supposé rival.
Scène 4. À son frère et son père qui vient d'entrer, Silvia explique qu'elle souhaite à présent que Dorante la demande en mariage en croyant toujours qu'elle n'est que femme de chambre. Elle voudrait voir s'affronter l'amour et la raison et se déclare certaine que l'amour l'emportera, donc qu'elle triomphera.
Scène 5. Lisette arrive. Scrupuleuse et dévouée, elle voudrait être certaine que Silvia n'aime pas Arlequin-Dorante. Tout le monde s'accorde à l'autoriser à épouser son Dorante mais M. Orgon y met une

condition : elle devra au préalable lui révéler qui elle est véritablement. Voyant approcher Arlequin-Dorante, ils laissent Lisette seule.
Scène 6. Lisette-Silvia et Arlequin-Dorante tentent, chacun de leur côté, de faire comprendre à l'autre qu'ils ne sont pas gens de condition sans oser le dire trop ouvertement. Après une série de quiproquos, Arlequin finit par avouer qui il est et Lisette fait de même. Tous deux décident de faire contre mauvaise fortune bon cœur et renoncent à leurs rêves d'ascension sociale, avantageusement remplacés par un amour véritable et partagé.
Scène 7. Dorante arrive, ce qui provoque la fuite de Lisette. Toujours aussi sombre et mélancolique, il est stupéfait de voir que Lisette, qu'il croit toujours fille de M. Orgon, n'a pas repoussé Arlequin lorsqu'elle a appris qu'il n'était qu'un valet. Arlequin sort en voyant arriver Silvia-Lisette.
Scène 8. Dorante s'efforce de rester le plus froid possible, mais Silvia-Lisette le trouble beaucoup trop pour qu'il y parvienne. Après quelques atermoiements, Dorante finit par se décider et se déclare prêt à l'épouser bien qu'elle ne soit qu'une femme de chambre : la raison cède à l'amour qui triomphe.
Scène 9. Tout le monde arrive et Dorante apprend enfin la vérité. Les maîtres s'épouseront et les valets feront de même.

IV. L'EXPOSITION

La pièce débute ***in medias res****. Lorsque le rideau s'ouvre, le spectateur est plongé au cœur de l'action et découvre une discussion animée entre Silvia et Lisette, conversation indiquant que le thème principal de la comédie portera sur l'amour ou, plus précisément, sur le mariage et le danger qu'il peut représenter. Ce n'est pourtant là qu'un des éléments qui permettront de comprendre l'action qui va se dérouler. À la fin de la scène, nous savons simplement que le père de Silvia envisage de la marier (ni le père, ni le fiancé ne sont encore nommés) et que celle-ci craint le mariage, ayant constaté qu'il était très souvent malheureux. L'exposition n'est donc pas encore complète.

À la scène suivante, le discours de M. Orgon agit comme un détonateur chez Silvia. C'est à ce moment-là qu'elle imagine d'échanger son rôle avec Lisette pour être à même de juger sereinement son futur époux : en soubrette, elle pourra plus facilement le voir tel qu'il est et non tel qu'il veut paraître. M. Orgon y consent. Cette fois, l'action pourrait s'enclencher. *Le Jeu de l'amour et du hasard* serait une comédie comme beaucoup d'autres, mais Marivaux a pris soin de prévenir le spectateur qu'il doit s'attendre à plus extraordinaire encore. Il annonce que Silvia, qui croit dominer le jeu qu'elle a inventé, sera elle-même dépassée, grâce à un habile jeu de va-et-vient entre phrases prononcées en aparté* et phrases adressées par M. Orgon directement à sa fille :

> MONSIEUR ORGON, *à part.* — Son idée est plaisante. *(Haut.)* Laisse-moi rêver un peu à ce que tu me dis là. *(À part.)* Si je la laisse faire, il doit arriver quelque chose de bien singulier. Elle ne s'y attend pas elle-même... *(Haut.)* Soit, ma fille, je te permets le déguisement.

L'explication ne tardera pas à venir. Mario arrive ; il ne fait que croiser sa sœur qui va se changer et reste en tête-à-tête avec son père. Avant même de lui exposer l'idée de Silvia, M. Orgon lui révèle (et nous apprend) que Dorante est sur le point d'arriver et qu'il ne paraîtra que déguisé, ayant pris soin d'échanger son identité avec son valet. C'est avec cette scène que le système de parallélismes qui parcourra toute la pièce apparaît, mettant fin à l'exposition. Désormais le spectateur dispose de toutes les informations nécessaires à la compréhension de la pièce.

L'exposition, qui ne réclame que quatre scènes, a permis de répartir les personnages en deux catégories bien distinctes : nous trouvons, d'une part, ceux qui connaissent tous les tenants, comme le spectateur (M. Orgon et Mario), d'autre part, ceux qui croient tromper les autres sans imaginer qu'ils seront (et sont déjà) eux-mêmes trompés (Silvia, Dorante, Lisette et Arlequin).

V. L'UNITÉ DE L'ACTION

La pièce n'est pas qu'une suite de situations amusantes et de quiproquos ménagés avec art, sinon elle s'achèverait à la fin de l'acte II, lorsque Dorante, à bout de résistance, révèle à Silvia qu'il n'est pas le valet qu'elle croit qu'il était. Silvia n'aurait plus qu'à avouer à son tour et le mariage pourrait avoir lieu avant que ne tombe le rideau. Or, Silvia garde le silence sur sa véritable identité.

Les critiques du XVIIIe siècle ont parfois considéré le troisième acte comme un corps étranger dans la pièce, un prolongement inutile ou, du moins, contraire à la règle généralement admise de l'unité d'action[1]. De même, on pourrait considérer que les mésaventures de Lisette et d'Arlequin dédoublent l'action. En fait, il n'en est rien.

Concrètement, pour que **l'unité d'action** soit respectée, ils suffit que les éventuelles actions secondaires soient rigoureusement imbriquées à l'action principale : dès lors, aucun épisode, aucun personnage ne devrait pouvoir être supprimé sans rendre la pièce incompréhensible. On peut dire que **Marivaux a respecté l'unité dans sa pièce**. D'un point de vue strictement technique, la possibilité d'existence du troisième acte est annoncée dès la scène 5 de l'acte I, dans laquelle l'amour-propre de Silvia transparaît clairement, et de nouveau soulignée à la scène 6, lorsque Mario prévient Dorante : « Vous ne savez peut-être pas que j'en veux au cœur de Lisette, moi qui vous parle. Il est vrai qu'il m'est cruel ; mais je ne veux pas que Bourguignon aille sur mes brisées. » C'est ce faux amour de Mario pour Lisette, suggéré ici, que Silvia réactivera à la fin de l'acte II pour mettre à l'épreuve les sentiments de Dorante envers elle en suscitant sa jalousie. Ainsi, le spectateur était prévenu dès le premier acte.

D'autre part, la réaction de Silvia, décidant de prolonger le jeu après que Dorante s'est démasqué, était également prévisible. La jeune femme est apparue de moins en moins opposée au mariage et, tout au long de l'acte II, on a vu ses sentiments prendre le dessus sur sa raison : elle aime Dorante mais, fidèle à elle-même, elle veut être certaine qu'il l'aime de la même façon. Ce n'est pas le mariage qu'elle veut obtenir ; c'est un sentiment désintéressé qu'elle souhaite inspirer. Tenait-elle un autre discours dans la toute première scène de la pièce ? **Son désir le plus profond, clairement exprimé, n'était-il pas d'être aimée pour elle-même, d'un amour véritable ?** Le nouveau jeu, imaginé à la fin de l'acte II, lui permettra enfin de savoir si Dorante est sincère : c'est bien, toujours, la même motivation qui l'inspire.

---

1. Patrice Pavis répond à cette critique, dans son édition de la pièce (Paris, Livre de poche, 1985, p. 98) : « Tout cet acte n'est pas de trop pour expliciter et mettre en valeur le sacrifice héroïque de Dorante, pour dépasser aussi les jeux de l'amour et de l'amour-propre, pour donner à la fable une dimension plus "sociale", voire exemplaire, en abordant la question de la mésalliance et en proposant une solution aux hasards des coups de foudre. »

Quant aux aventures de Lisette et d'Arlequin, elles doivent être considérées davantage comme une mise en parallèle d'une même situation que comme une seconde action introduite dans la comédie. En outre, comme il se doit, cette intrigue est étroitement liée à la première. Comme l'explique Jean-Paul Sermain :

> L'intrigue amoureuse d'Arlequin et de Lisette joue aussi son rôle dans l'aventure des maîtres : elle interdit à Dorante et à Silvia de s'intéresser un moment à ceux qu'ils sont censés devoir épouser, elle préfigure ce qui les tente et les inquiète (ce qu'ils croient un mariage socialement mixte entre valet et maître) ; elle les amène à mesurer leurs propres sentiments[1].

L'analyse structurelle de la pièce le montre à l'évidence.

VI. LA STRUCTURE DE LA PIÈCE : UN JEU DE PARALLÉLISMES

Le Jeu de l'amour et du hasard est construit sur un jeu de parallélismes et d'oppositions. La pièce met en scène six personnages constituant trois groupes : un couple de maîtres (Silvia et Dorante), un couple de valets (Lisette et Arlequin) et deux hommes, le père et le frère de Silvia (M. Orgon et Mario). Les deux héros se correspondent à l'évidence : outre l'identité de condition, ils sont tous deux « originaux » et leur personnalité est la même puisqu'ils ont imaginé le même stratagème. Remarquons aussi qu'ils ont de qui tenir et là encore les deux figures paternelles se ressemblent étrangement, chacun des pères ayant autorisé son enfant à jouer la comédie aux autres : à pères originaux, enfants hors du commun.

ACTE PREMIER

Dans la première scène, Marivaux joue peut-être avec le spectateur qu'il trompe pour immédiatement le détromper. On peut en effet penser, à la fin de la scène, que *Le Jeu de l'amour et du hasard,* dénoncera la pratique du mariage arrangé par des parents qui ne se soucient pas de prendre l'avis des principaux intéressés, leurs enfants ; par conséquent, on peut aussi croire que M. Orgon prolonge la tradition des pères de comédie autoritaires. Pourtant, dès la deuxième réplique*, on comprend qu'il est soucieux du bonheur de sa fille : il a demandé à Lisette si elle

1. Notice à son édition de la pièce, Paris, Gallimard, « Folio », 1994, p. 114.

est « bien aise qu'il [la] marie ». D'autre part, on voit bien que le couple Silvia-Lisette ne sera pas dans la lignée des couples maîtresse / servante des comédies de Molière, par exemple : pour contrecarrer les projets paternels, la soubrette devrait s'allier (se substituer) à la jeune première et mettre tout en œuvre pour empêcher le mariage projeté ; ici, il ne saurait en être question puisque Silvia reproche justement à Lisette de s'être substituée à elle pour « répondre de [ses] sentiments » et assurer à M. Orgon qu'elle sera ravie d'épouser le jeune homme qu'il lui destine. D'une certaine façon, **le schéma de la comédie traditionnelle se trouve ici totalement perverti** : c'est la jeune première, et non la soubrette, qui est énergique tandis que le discours de la servante est relativement conformiste. Ainsi, Marivaux suggère d'une certaine façon que les deux jeunes femmes pourraient échanger leur rôle, ce qui sera clairement dit à la scène suivante.

Les parallélismes se mettent en place. Comme Silvia, Dorante a choisi de se présenter sous une autre identité, pour les mêmes raisons ou à peu près ; comme Silvia, il a choisi de prendre la place de son valet et, toujours comme Silvia, il a obtenu l'assentiment de son père pour cela. **Dès que l'exposition est achevée** (à la fin de la scène 4), **l'action démarre rapidement**. La scène 5 présente Silvia en soubrette et la scène 6 présente Dorante en valet. Pour tous deux, cette rencontre reste, *a priori*, sans aucun intérêt puisque chacun croit avoir affaire à un domestique. Seuls Mario, M. Orgon et les spectateurs savent que le jeu est déjà lancé.

Dans la scène 7, la plus longue de l'acte, se place le premier tête-à-tête des maîtres. À première vue, cette scène est tout à fait statique : rien ne se décide et les personnages semblent ne rien faire d'autre que se parler. Simplement, ne perdant pas de vue le but de leur travestissement*, chacun tente de s'informer sur les qualités de son futur conjoint. Mais le jeu est faussé : **c'est l'étonnement qui domine** ; aucun des deux personnages ne reconnaît un valet en l'autre. Piètre comédien, déjà, Dorante se découvre tandis que Silvia tient parfaitement son rôle malgré son trouble : c'est à part qu'elle livre ses doutes sur Bourguignon tandis que Dorante parle très directement de son amour.

Arlequin-Dorante arrive alors, ce qui permet d'introduire la première scène de comique pur, essentiellement fondé sur le décalage entre l'image du maître que veut donner Arlequin et son discours, ses manières qui restent plutôt frustres. Comme Dorante, Arlequin n'est pas grand comédien. Après le départ de Silvia, seuls restent Arlequin et Dorante ; le jeu n'a plus cours (scène 9).

Cette dernière scène de l'acte répond à la toute première : le maître se trouve sans témoin avec son valet dont il est particulièrement mécontent.

Avec la scène 10, Marivaux conclut par une nouvelle scène essentiellement comique, de la même façon que l'était la scène 8, mais, contrairement à Silvia, M. Orgon ne peut être dupe et le comique intervient également grâce au fait que le spectateur et M. Orgon sont complices, qu'ils partagent le même sentiment et le même jugement.

ACTE II

L'acte II s'ouvre alors que le spectateur imagine assister à la première rencontre entre Lisette et Arlequin, qui serait le pendant à la scène 7 de l'acte I. Cet espoir est provoqué par Marivaux, qui a pris soin d'annoncer l'arrivée imminente de la fausse Silvia à la fin de l'acte précédent (« Elle a été un peu indisposée ; en attendant qu'elle descende, voulez-vous vous rafraîchir ? ») ; il est même renouvelé lorsque le rideau se lève puisque l'auteur met en scène, dans cette première scène, Lisette et M. Orgon. On s'attend donc à ce qu'Arlequin-Dorante arrive et qu'il fasse, comme il se doit, les présentations. Or, il n'en est rien, Marivaux a choisi d'escamoter cette rencontre qui a eu lieu pendant l'entracte, peut-être parce qu'il préférait ne pas établir un parallélisme trop systématique entre les couples et craignait d'écrire une scène qui n'aurait pas manqué d'être un peu répétitive.

Du point de vue des personnages féminins, alors que Silvia dominait très largement dans le premier acte (Lisette n'apparaissait plus à partir de la scène 3), dans le deuxième, **c'est Lisette qui est au centre de l'action pendant les cinq premières scènes**. Les scènes 6 et 7 (scènes centrales de l'acte qui en compte 13) réunissent les deux femmes, puis Lisette disparaît, cède la place à Silvia toujours présente jusqu'à la fin de l'acte. **L'acte II semble donc s'articuler autour de la scène 7.**

Si, dans la première scène, Lisette est seule avec M. Orgon (donc hors « représentation ») pour faire le point, de la scène 2 à la scène 6, elle se trouvera en scène avec Arlequin. Leur tête-à-tête, favorisé par M. Orgon (scène 2), est sans cesse interrompu par des interventions extérieures : Dorante, le faux valet, surgit à la scène 4 et Silvia, la fausse suivante, à la scène 6. Lisette et Arlequin sont donc, chacun leur tour, confrontés à un personnage sachant qu'ils jouent un rôle et se voient en permanence contraints de naviguer entre réalité et jeu.

Le premier tête-à-tête (scène 3) fonctionne comme un écho de la rencontre des maîtres à l'acte I, scène 7 (bien que les personnages ne se découvrent pas alors). Comme Dorante, Arlequin expose clairement ses sentiments tandis que Lisette, comme Silvia, tient mieux son rôle et joue de la coquetterie. L'intervention de Dorante n'empêche pas les valets de progresser, et la déclaration d'amour réciproque survient, annonçant celle des maîtres (scène 5).

Ce duo amoureux, qui occupe en fait les scènes 3 à 5 est interrompu à deux reprises et pour des motifs semblables : lorsque Dorante survient, c'est pour ordonner à Arlequin de ne plus faire la cour à Lisette-Silvia (scène 4) ; lorsque Silvia intervient, c'est pour ordonner de même à Lisette de refuser Arlequin-Dorante (scène 6). Ce sont, en fait, les seuls moments où le spectateur envisagera que le couple des maîtres n'a pas tout à fait oublié d'observer, au moins un peu, le (la) futur(e) époux(se), scènes qui se sont toutes déroulées hors de la vue du public.

L'arrivée de Silvia, à la scène 6 amorce un tournant dans l'acte II. Comme dans la première scène de la pièce, Silvia, restée seule avec Lisette (scène 7) s'emporte contre elle (les « portraits » sont même évoqués mais les rôles sont inversés : c'est Lisette qui les fait). Pourtant, cette fois, **le motif de la querelle est bien plus profond** : Silvia sent probablement déjà que si elle refuse d'épouser le faux Dorante, ce n'est pas par principe, ce n'est peut-être pas même parce qu'il lui déplaît, mais plutôt parce qu'elle en aime un autre. Elle n'admet pas que son père ait défendu à Lisette de le renvoyer. Le doute s'insinue en elle et elle pourrait redouter d'être, comme de nombreuses jeunes filles à cette époque, sacrifiée à l'intérêt familial. **Le désarroi l'emporte sur la colère**, d'autant plus que Silvia se voit contrainte de prendre la défense de Bourguignon, accusé d'avoir médit de son maître, et y met une conviction, une chaleur, un peu troublante.

Cette ébauche de prise de conscience justifie le monologue* de Silvia qui suit (le seul de la pièce). Elle s'emporte contre les domestiques en général sans qu'il soit facile de décider si c'est Lisette qu'elle accuse ou si elle s'en prend à elle-même et à ses propres sentiments envers Bourguignon. Lorsque Silvia explose : « Comme ces gens-là vous dégradent », on ne peut s'empêcher de penser qu'elle imagine la position qui serait la sienne si elle épousait un domestique comme Bourguignon. Ici, Marivaux met en avant le futur sursaut d'orgueil et la vanité qui feront en partie la matière du troisième acte.

Dorante approche et suspend l'emportement de Silvia. C'est ici que s'insère le second tête-à-tête entre les deux jeunes gens (scène 9), entretien qui décalque celui de l'acte I (scène 7) mais à travers les difficultés manifestes des personnages à parler et même à agir, le spectateur perçoit le chemin parcouru depuis le premier acte : Silvia et Dorante ont pris conscience de la force de leurs sentiments et de l'impossibilité pour eux de se marier. Tous deux le disent, l'une au début de la scène :

> SILVIA. — Je ne te veux ni bien ni mal ; je ne te hais ni ne t'aime, ni ne t'aimerai, à moins que l'esprit ne me tourne.

L'autre à la fin :

> DORANTE. — Pour moi, il faut que je parte ou que la tête me tourne.

La conscience de classe est intervenue : il faudrait qu'ils soient fous pour s'épouser, c'est-à-dire, pour se mésallier ! La souffrance de Dorante va en augmentant chaque fois que son départ est envisagé ; elle atteint son paroxysme* dans la dernière tirade lorsqu'il implore Silvia à genoux de lui jurer qu'elle ne l'aime pas ; il réclame un serment de non-amour en quelque sorte, pendant au serment d'amour d'Arlequin à genoux devant Lisette (II, 5). Silvia ne peut résister et, sous les yeux de M. Orgon et de Mario entrés discrètement à son insu, elle admet que son refus n'était motivé que par des considérations de fortune et de conditions. Comme pour le couple Lisette / Arlequin, le duo est donc interrompu. Au comble du désespoir et de l'humiliation, Dorante se fait renvoyer comme le domestique qu'il est sensé être.
Restent en présence Silvia, son père et son frère (scène 11). Cette scène est la plus longue de l'acte, ce qui lui donne une importance toute particulière ; d'autre part, en l'absence de témoins, les trois personnages peuvent laisser tomber le masque, quitter l'ordre de la représentation et redevenir sincères (de façon toute relative pour M. Orgon et Mario). Silvia prendra conscience de l'amour qu'elle éprouve pour Dorante qu'elle est amenée à défendre contre les allégations de M. Orgon et de Mario. Elle comprend qu'elle ne maîtrise plus le jeu qu'elle avait imaginé (« Quand finira la comédie que vous vous donnez sur mon compte ? ») ; elle voudrait cesser de jouer, ce que M. Orgon refuse une nouvelle fois, lui expliquant qu'elle le remerciera plus tard tandis que Mario prédit (ce que les spectateurs seuls peuvent comprendre) : « Tu épouseras Dorante, et même avec inclination. »
Silvia reste seule, tout aussi désespérée que révoltée. Dorante revient, décidé à se démasquer, ce qu'il fait ; mais alors qu'on s'attend à un aveu réciproque, Silvia décide de garder le secret. Rassurée sur son compte (elle sait à présent qu'elle aimait un homme de sa condition), elle veut éprouver, non sans cruauté, l'amour de Dorante. L'action se voit ainsi relancée : **après l'amour, c'est l'amour-propre qui dominera pour Silvia**. Elle redevient meneuse du jeu et lorsque Mario reviendra, décidé à tout révéler à sa sœur pour apaiser ses angoisses (« nous t'avons laissée dans des inquiétudes qui me touchent ; je veux t'en tirer, écoute-moi »), Silvia ne lui laissera pas le temps de s'expliquer : déjà un nouveau stratagème s'est mis en place dans son esprit et elle doit informer Mario du rôle qu'il doit y tenir : il est chargé de faire croire à Dorante qu'il l'aime (scène 13).

ACTE III

Comme le premier, le troisième acte débute *in medias res** (ce que montre l'utilisation par Dorante de l'adverbe « encore » dès la deuxième réplique), met en scène une querelle entre maître et valet (mais ici, c'est Dorante et Arlequin), montre le valet défendant l'idée du mariage que refuse le maître. D'une certaine façon, cette première scène de l'acte III se présente comme une apologie* du mariage, comme une annonce d'un dénouement heureux.

Du point de vue de l'analyse thématique, cette scène peut également être considérée comme symétrique à la première de l'acte II. Là, c'était Lisette obtenant de M. Orgon l'autorisation d'épouser Arlequin-Dorante si elle le souhaitait ; ici, c'est Arlequin qui supplie son maître de pouvoir se marier avec Lisette-Silvia. Après s'être emporté contre cette idée qu'il considère comme une trahison envers M. Orgon, Dorante finira par donner son accord à la condition expresse qu'Arlequin se démasquera (tout comme Dorante s'est démasqué).

À la scène suivante, après une courte réplique en monologue*, Mario intervient et fait embrayer la comédie sur la seconde intrigue. Il joue le rôle que lui a donné sa sœur et vient susciter la jalousie de Dorante. Chacune de ses répliques, ou peu s'en faut, est à double entente. Ses remarques ne peuvent qu'exaspérer Dorante, contraint par Silvia de garder le silence sur son identité véritable, mais, à son tour, il répond en usant de formules qui pourraient passer pour impertinentes dans la bouche d'un valet, mais dont Mario ne s'offusque pas, et pour cause :

> MARIO. — Ne fais-tu pas l'hypocrite* ?
> DORANTE. — Non.
> MARIO. — Vous avez le langage bien précieux pour un garçon de votre espèce.
> DORANTE. — Monsieur, je ne saurais parler autrement.
> MARIO. — Cela imite l'homme de condition.
> DORANTE. — Je vous assure, Monsieur, que je n'imite personne.

Mario qui, jusqu'à présent, n'avait tenu qu'un rôle secondaire, devient une des pièces essentielles sur l'échiquier. En se posant en rival de Dorante, en insistant sur l'amour qu'il éprouve envers Lisette, sur son désir de l'épouser malgré la différence de condition existant entre eux, il invite Dorante à vaincre son préjugé social, d'autant plus qu'il ne le désespère pas totalement : d'après lui, Lisette ne daigne pas encore répondre favorablement à ses prières ; ainsi, tout espoir n'est pas perdu pour Bourguignon.

Alors que Mario venait, d'une certaine façon, de rassurer Dorante, Silvia intervient et semble s'ingénier à l'inquiéter en ne répondant jamais

directement aux questions pourtant très précises qui lui sont posées. Le malaise croît en Dorante (il avoue : « Je souffre. ») qui se voit chassé par Mario, mais surtout, qui n'est pas retenu par Silvia lorsqu'il s'éloigne.
Dorante sort donc, M. Orgon arrive, et pendant les deux scènes qui suivent (Lisette intervient à la scène 5), chacun peut redevenir ce qu'il est vraiment : le noyau familial est reconstitué pour un temps. Silvia peut ainsi justifier le jeu qu'elle a imaginé : elle ne révélera sa véritable identité qu'après que Dorante aura vaincu son préjugé et aura demandé la main d'une soubrette ; elle « veu[t] un combat entre l'amour et la raison », et considère son action comme une véritable guerre (son vocabulaire est explicite : « vaincu », « captif », « triompher », « victoire »). Si M. Orgon continue à s'amuser de la situation, Mario, qui se compare peut-être à Dorante, avoue avoir « pitié de ce qu'il souffre ». Après tout, une autre Silvia ne lui réservera-t-elle pas, quelque jour, un tour semblable ?
Toujours d'une indéfectible loyauté, Lisette entre alors. Elle a une question d'une importance capitale à poser à M. Orgon, metteur en scène de la comédie : peut-elle épouser Arlequin-Dorante ? Comme dans la première scène de cet acte Dorante avait autorisé Arlequin à demander sa main à Lisette-Silvia à la condition qu'il lui révélera sa véritable identité auparavant, M. Orgon répond favorablement à Lisette et lui enjoint de se dévoiler elle aussi. La scène suivante est donc annoncée : elle sera celle de l'aveu et de la reconnaissance des domestiques.
Lisette et Arlequin se montrent visiblement embarrassés et c'est d'abord grâce à une série de sous-entendus qu'ils tentent de faire comprendre à l'autre qu'ils ne sont pas ce qu'ils croient qu'ils sont. La situation est des plus inquiétantes. Il faut dire que l'enjeu est de taille : chacun peut croire que l'autre le dédaignera lorsqu'il apprendra qu'il n'est que valet ; **chacun peut espérer changer de condition sociale si le mariage doit se faire**. Mais qui vaincra ? L'amour ou le préjugé ? Pour eux, la question est la même que pour Silvia. Mieux aguerrie qu'Arlequin, plus habituée au langage des maîtres, c'est Lisette la première qui soupçonne Arlequin de lui cacher quelque chose et qui le pousse, en lui posant des questions de plus en plus précises, à se dévoiler. Il finit par se reconnaître « soldat d'antichambre » (en reprenant la métaphore* guerrière de la scène 4) et Lisette tombe le masque à son tour et s'avoue « coiffeuse de Madame ». Comme pour les maîtres, c'est donc l'homme qui a cédé le premier mais alors que Silvia prolonge le jeu pendant encore un acte après l'aveu de Dorante, Lisette détrompe Arlequin au bout de huit répliques seulement. Vis à vis des autres, le jeu se poursuit cependant puisque, voyant arriver Dorante, les valets décident de ne pas le désabuser et de « laiss[er] les choses comme elles sont ». L'intrigue des valets est résolue, reste à dénouer celle des maîtres.

La scène suivante (scène 7), au cours de laquelle Arlequin doit rendre compte à son maître de l'évolution de sa relation avec Lisette, devient l'occasion d'une douce (et petite) vengeance : il explique que Silvia a accepté de l'épouser, lui, Arlequin, valet de Dorante, faisant fi des différences de conditions. La nouvelle laisse Dorante abasourdi. D'après les informations dont il dispose, son valet serait sur le point d'épouser Silvia, tandis que lui et Mario s'opposent pour conquérir une soubrette. Comme le lui dit Arlequin : « Quand j'aurai épousé, nous vivrons but à but. »
Arlequin s'éclipse à l'arrivée de Silvia qui s'apprête à jouer son avenir. Dorante, quelque peu perdu et désarmé par tant de rebondissements successifs, annonce son départ alors que Silvia espérait une demande en mariage (« il est temps de vous déclarer »). Malgré son intention affirmée de partir, Dorante ne peut se résoudre à quitter Silvia ; son incapacité à décider s'il l'épousera ou non se traduit physiquement dans ses mouvements sans cesse avortés vers la sortie, et que Silvia commente dans un long discours en aparté*. Dorante restant muet, Silvia fait mine de vouloir elle aussi s'en aller, espérant sans doute ainsi précipiter les choses. Et, de fait, Dorante l'arrête ; la conversation reprend ; il accepte de rester : cette première victoire de Silvia reste encore bien fragile. Elle se décide sinon à avouer à Dorante qu'elle l'aime, au moins à le lui faire entendre, non sans avoir, en même temps, tenté de piquer sa vanité en lui rappelant qu'elle n'est qu'une soubrette et qu'il lui serait bien facile de l'abandonner et de la rendre malheureuse (nous retrouvons ici le thème évoqué au tout début de la pièce : le danger du mariage). Dorante comprend qu'il est aimé et propose le mariage à celle qu'il croit n'être qu'une servante. Silvia a gagné : **elle a su se faire aimer pour elle-même et en dépit des préjugés**.
Dans la dernière scène, Dorante comprendra enfin qu'il a été joué. Silvia ne le lui dira pas directement ; ce n'est qu'en nommant M. Orgon « mon père » qu'elle se démasquera, consacrant son triomphe devant tous les autres personnages de la pièce[1]. Cependant, M. Orgon réserve encore une surprise à ses enfants : il exhibe la lettre du père de Dorante. Désormais tout le monde sait qu'il était au courant du double travestissement* et ceux qui croyaient n'être pas observés réalisent qu'ils l'ont toujours été. Le dernier mot revient à Arlequin : « Allons, saute, marquis ! » À travers cette phrase, Marivaux adresse un ultime clin d'œil aux spectateurs puisque *Le Jeu* s'achève sur une citation du *Joueur* de Regnard[2] !

1. Il est de tradition dans la comédie (mais aussi dans la tragédie) de réunir le plus grand nombre possible des acteurs au dénouement. Marivaux se plie à la tradition.
2. Acte IV, scène 7.

VII. LE TEMPS

En 1803, Palissot écrit à propos des comédies de Marivaux :

> Pour que l'action de ces pièces pût se passer naturellement, il faudrait lui supposer une durée de plusieurs mois ; et pourtant l'auteur trouve moyen de resserrer cette action dans l'espace de vingt-quatre heures, avec une sorte de vraisemblance[1].

De fait, comme dans la plupart de ses autres pièces, dans *Le Jeu de l'amour et du hasard*, **Marivaux respecte une des grandes règles de la dramaturgie classique : l'unité de temps**. À vrai dire, cette règle impérative pour la tragédie, n'était pas établie pour la comédie, genre dans lequel on pouvait se permettre bien des audaces ; c'est Marivaux qui a choisi délibérément de s'y conformer. Elle prescrivait simplement que l'action mise en scène ne devait pas durer plus de vingt-quatre heures.

1. Le passé

Avant que ne débute la pièce, Dorante et Silvia ne se sont jamais vus. On pourrait donc croire que le passé est inexistant dans *Le Jeu de l'amour et du hasard* ou que, du moins, il ne jouera qu'un rôle très secondaire. On trouve cependant plusieurs indications d'**événements qui se sont déroulés avant le lever du rideau** et tous, comme il se doit au théâtre, influent grandement sur le présent. Ainsi, lorsque Silvia dresse le portrait des trois maris, Ergaste, Léandre et Tersandre (I, 1), elle le fait d'après son expérience personnelle : elle connaît les individus dont elle décrit le caractère et la duplicité*. C'est bien à partir de ses propres observations qu'elle bâtit sa démonstration : « Volontiers un bel homme est fat, *je l'ai remarqué* », dit-elle. En outre, elle a pu, tout récemment encore, vérifier la validité de son jugement en allant chez Tersandre : « Il venait l'autre jour de s'emporter contre sa femme ; j'arrive, on m'annonce, je vois un homme qui vient vers moi les bras ouverts. » C'est donc le passé qui explique la réaction présente de Silvia ; ces trois couples qu'elle connaît lui font

---

1. Voir les « Jugements » sur la pièce en annexe, p. 87.

craindre le mariage, et cette crainte justifie son désir de se travestir* afin de pouvoir juger le plus objectivement possible ce Dorante à qui on la destine.

Du point de vue de l'intrigue, le passé joue encore un rôle important : le mariage entre les jeunes gens a été décidé « dans le dernier voyage que [M. Orgon] fi[t] en province » (I, 2). Ici Marivaux n'est guère précis et n'a d'ailleurs pas intérêt à l'être davantage : il faut que ce voyage ne soit pas trop récent puisque M. Orgon doit recevoir une lettre que lui adresse le père de Dorante pour le prévenir que son fils se présentera à lui comme domestique. Si M. Orgon n'était pas prévenu de la supercherie, la pièce n'aurait plus le même sens et perdrait beaucoup de son intérêt comique (en outre, Marivaux aurait eu besoin de trouver un autre moyen d'en informer le spectateur qui doit évidemment être au courant).

Si le passé, plus ou moins lointain, détermine l'intrigue et la psychologie de Silvia, le passé immédiat prend un relief tout particulier. En fait, **tout se passe comme si la pièce avait débuté avant que ne se lève le rideau**. Dans la première scène, Lisette évoque le passé proche : la discussion qu'elle a eue avec M. Orgon quelques instants auparavant. Ici le passé est presque plus présent que si la scène s'était déroulée devant les yeux du spectateur puisque l'épisode est rapporté : en quelque sorte, le passé est alors actualisé. Mieux, la toute première réplique de la pièce se rapporte elle-même à un passé plus proche encore que cette conversation puisque Silvia prend soin de souligner qu'elle ne fait que répéter le reproche déjà fait à Lisette, probablement quelques secondes avant le lever du rideau : « Mais *encore une fois*, de quoi vous mêlez-vous ? »

2. Le temps de l'action

Au théâtre, c'est bien le présent qui compte, le passé n'ayant d'importance que dans la mesure où il pèse sur le présent, dictant les réactions des personnages, par exemple. Dès l'ouverture du rideau, c'est le présent qui est mis en avant : **la pièce débute *in medias res****, c'est-à-dire que le rideau se lève alors que la discussion entre les personnage présents en scène est déjà commencée[1]. Ainsi, le spectateur est immédiatement plongé au cœur de l'action, et l'effet est encore accentué par le fait que la première phrase est une question introduite par la conjonction « mais » et par l'utilisation de la locution adverbiale « encore une fois », deux éléments qui confirment la nécessité d'une réplique préalable de la part de Lisette.

Dans *Le Jeu de l'amour et du hasard*, Marivaux se montre particulièrement discret, ne donnant guère d'indications temporelles précises. Par exemple, il est impossible de dire si la pièce commence le matin ou le soir[2]. Seul compte un mot : « aujourd'hui ». C'est « aujourd'hui » que Dorante doit arriver et c'est cette arrivée qui déclenche l'action dramatique. Dans la première scène, Silvia savait que son père avait projeté de la marier et lui avait trouvé un possible mari ; la discussion était donc d'ordre plutôt général, quasi philosophique : le danger semblait encore suffisamment éloigné pour ne pas s'en occuper vraiment. M. Orgon intervient et annonce : « Ton prétendu arrive aujourd'hui. » D'un seul coup, par ce simple mot, la situation change du tout au tout. Silvia le comprend rapidement ; elle prend acte en répétant « Dorante arrive ici aujourd'hui. » Désormais le temps presse pour mettre à exécution le stratagème qui surgit dans son esprit (« une idée qui me vient ») pendant que son père lui parle : ce « Dorante arrive ici aujourd'hui » est immédiatement suivi de l'exposé du plan que Silvia veut exécuter pour pouvoir observer Dorante et décider s'il lui convient ou non ! La comédie peut commencer, et doit s'achever ce même jour, ce que Marivaux marque discrètement en faisant répéter le mot « aujourd'hui » dans chacun des deux actes restants (II, 11 et III, 4).

Le respect de l'unité de temps n'est pas sans poser quelques problèmes de simple logique : comment croire qu'en une seule journée (au mieux entre le lever et le coucher du soleil), quatre jeunes gens qui

---

1. Le procédé est souvent utilisé au théâtre : Racine par exemple fait commencer plusieurs de ses tragédies par un « Oui » (*Andromaque*, *Iphigénie*), par un « Quoi ? » ou « Quoi ! » (*Alexandre le Grand*, *Britannicus*). Marivaux lui-même avait déjà fait débuter *La Double Inconstance* par un « Mais », comme *Le Jeu de l'amour et du hasard*.
2. M. Orgon arrive bien en scène en disant bonjour à Silvia (I, 2), mais ce bonjour n'est pas à prendre dans son sens actuel ou le plus immédiat ; Arlequin dira encore bonjour à Silvia (III, 7) qu'il a vue, pour la dernière fois à l'acte précédent (II, 6) bien qu'il ne se soit pas passé de nuit entre ces deux rencontres.

ne se connaissaient pas tombent amoureux. Comme le remarque Geoffroy au début du XIXe siècle, Marivaux peint des « amours qu'un instant fait éclore, qui ne vivent qu'un jour et qui parcourent en si peu de temps leurs divers périodes[1] jusqu'au mariage qui doit être leur tombeau[2] ». Cela est-il vraisemblable ?

Poussée à l'extrême, la règle classique de l'unité de temps implique que le temps de la représentation (temps réel) et le temps de l'action (temps fictif) coïncident exactement. En d'autres termes, une pièce de théâtre durant environ deux heures, les événements qui y sont présentés ne devraient pas demander plus de deux heures eux aussi : « Il serait [...] à souhaiter que l'action du poème dramatique ne demandât pas plus de temps dans la vérité que celui qui se consume dans la représentation », écrit l'abbé d'Aubignac dans sa *Pratique du théâtre* (1657), premier traité systématique de dramaturgie classique[3]. La règle est à ce point difficile à appliquer qu'on considère que Racine seul est parvenu à faire coïncider temps réel et temps fictif dans une seule de ses tragédies, *Bérénice*. Il fallait donc aménager la règle : quel sujet suffisamment théâtral pourrait se dérouler en deux heures seulement ? Le compromis consistait alors à distinguer **deux types de temps différents : celui qui s'écoule lorsque les acteurs* sont en scène et celui qui s'écoule pendant les entractes**. Dans le premier cas, l'adéquation entre temps réel et fictif reste, évidemment, impérative : comment faire croire que des acteurs* font en deux minutes ce qui en aurait réclamé dix dans la réalité ? En revanche, les entractes instaurent une certaine élasticité du temps. Les acteurs* n'étant plus visibles en scène, on peut laisser l'imagination vagabonder[4]. Ainsi, une dizaine de minutes d'entracte en temps réel peuvent représenter plusieurs heures dans l'ordre de la fiction. L'important, pour que l'unité de temps soit toujours respectée est que de la première à la dernière

---

1. Au masculin, le mot signifiait encore « le plus haut point où une chose puisse arriver » (Cormon et Piestre, *Nouveau Vocabulaire ou Dictionnaire portatif de la langue française*, Lyon, Cormon et Blanc, 1813).
2. Voir les « Jugements sur la pièce en annexe », p. 82.
3. D'Aubignac, *La Pratique du théâtre*, publié par P. Martino, Alger, Carbonel et Paris, Champion, 1927, p. 123.
4. Au XVIIIe siècle, on favorisait même ce vagabondage puisque de la musique était jouée pendant les entractes.

scène de la pièce, il ne se soit pas écoulé plus de vingt-quatre heures au maximum.

Marivaux applique ce principe dans *Le Jeu de l'amour et du hasard* et prend soin de le signaler au spectateur. Par exemple, lorsque Silvia sort pour se transformer en Lisette, elle prévient qu'elle n'a pas besoin de beaucoup de temps : « Il ne me faut presque qu'un tablier », dit-elle (I, 3). Il ne lui faut donc que le temps d'une scène assez courte pour se changer et elle revient dès la scène 5, prête à jouer son rôle. Plus visible encore, Marivaux respecte généralement la règle classique imposant de lier les scènes entre elles[1]. Dans la mesure où le plateau n'est jamais totalement vidé de ses occupants lorsque une scène s'achève (sauf en fin d'acte, bien sûr), il ne peut évidemment pas s'écouler plus de temps entre deux scènes successives qu'il n'en faut à un nouveau personnage pour arriver, c'est-à-dire quelques secondes. Ainsi, aucun laps de temps ne peut s'immiscer entre les différentes scènes et **temps réel et temps fictif coïncident exactement pendant la représentation**.

En revanche, un certain temps doit nécessairement s'écouler pendant le premier entracte. Dans la dernière scène de l'acte I, M. Orgon excuse l'absence de sa fille et propose à Arlequin de se rafraîchir en attendant qu'elle les rejoigne ; Dorante est alors en scène. La première scène de l'acte II, met en présence Lisette et son maître M. Orgon, avec lequel elle fait le point sur la situation : Arlequin-Dorante lui a fait une cour assidue et Dorante-Bourguignon « soupire » lorsqu'il voit Silvia-Lisette. Les couples ont donc eu le temps de se voir plus ou moins longuement pendant l'entracte. Alors que le premier tête-à-tête Silvia / Dorante avait eu lieu sous les yeux des spectateurs (I, 7), Marivaux a choisi d'escamoter la première rencontre de Lisette et d'Arlequin, comme pour ne pas trop détourner l'attention du public du couple important, le couple des maîtres, sur lequel il se concentrera, le couple formé par les valets fonctionnant comme une sorte de double. C'est également là un moyen de tromper l'attente du spectateur qui n'a pas vu Lisette depuis qu'elle est sortie pour se travestir* et qui, la voyant avec M. Orgon, imagine que celui-ci la présentera au faux Dorante puisque, après tout, Lisette joue le

1. Le plus souvent, cette liaison des scènes est même « explicite » dans *Le Jeu de l'amour et du hasard* : un personnage annonce l'arrivée ou la sortie d'un autre.

rôle de sa fille. Si présentations « officielles » il y a eu, elle se sont déroulées en coulisses, entre les deux actes. Encore une fois, Marivaux choisit de rouvrir la scène au cœur de l'action.

Entre l'acte II et l'acte III, Marivaux ne glisse aucun indice permettant de conclure qu'une action (donc du temps) se serait déroulée hors de la scène. Tout au plus faut-il situer avant la reprise de l'action visible quelques répliques précédant celle par laquelle Arlequin commence la scène, répliques qui lui auraient permis de mettre Dorante au courant de sa bonne fortune. Comme pour l'acte I auparavant, le rideau se lève au troisième acte sur une conversation déjà commencée.

Si temps réel et temps représenté coïncident toujours nécessairement, temps réel et temps fictif ne correspondent donc pas exactement dans *Le Jeu de l'amour et du hasard* puisque quelques heures doivent s'écouler entre les deux premiers actes (et quelques minutes tout au plus entre les deux derniers). Malgré ce léger décalage, on peut dire que Marivaux a réussi là une sorte d'exploit, digne des plus grands auteurs dramatiques, Racine en tête.

3. La fonction dramaturgique du temps

On a vu l'importance du mot « aujourd'hui » qui, une fois prononcé par M. Orgon, déclenche la comédie. En fait, dès la deuxième scène de l'acte I, et l'annonce de l'arrivée imminente de Dorante, le temps est compté. M. Orgon le dit très clairement : « Il n'y a point de temps à perdre [...], Dorante peut nous surprendre. » (I, 2). Et Silvia conclut la scène d'un « Marchons ! » qui accentue encore cette impression d'urgence, voire de précipitation, que les répliques précédentes ont installée dans l'esprit des spectateurs et qui se verra une nouvelle fois confirmée lorsque l'arrivée de Mario empêchera Silvia de sortir comme il était prévu : « Je n'ai pas le temps de m'arrêter, lui dit-elle, j'ai des affaires sérieuses, et mon père vous les dira. » (I, 3). Silvia sort donc pour se changer, et il ne lui faut que le temps nécessaire à M. Orgon et Mario pour prononcer quelques répliques (I, 4) pour qu'elle réapparaisse métamorphosée.

En revanche, lorsque Lisette se change, elle met beaucoup de temps puisqu'elle sort à l'acte I, scène 2 pour ne pas reparaître avant l'acte II, scène 1 : certes il est plus long de s'habiller et de se coiffer en jeune femme de bonne condition qu'en soubrette (ce qui ne requiert, selon Silvia, qu'un tablier) mais l'évocation du miroir (« Lisette s'habille, et, dans son miroir, nous trouve très imprudents de lui livrer Dorante, elle aura bientôt fait » I, 5) permet aussi de souligner la coquetterie de Lisette et le plaisir qu'elle prend à s'examiner en maîtresse.

Au-delà de l'information donnée sur la psychologie de Lisette, Marivaux suggère encore que Silvia sera le moteur de l'action, celle pour qui le temps compte, son impatience la poussant à agir dans l'urgence. D'une certaine façon, **elle se substitue à la soubrette de type moliéresque**. Celle-ci imaginait les stratagèmes propres à sortir les jeunes premiers amoureux d'une situation qui leur paraissait inextricable, ici, c'est la jeune première qui décide et imagine le travestissement* tout comme c'est elle qui, à la place de la soubrette, mène l'action, provoque et presse les événements, refusant de perdre un instant, tandis que Lisette apparaît quelque peu « passive », à la manière des jeunes premières traditionnelles. C'est bien Silvia qui distribue les rôles et les costumes. Elle est même persuadée que la comédie ne sera pas de longue durée (« Lisette [...] pourrait prendre ma place *pour un peu de temps* »). Curieusement, Dorante remplit la même fonction de son côté : c'est lui qui a imaginé d'échanger son rôle avec Arlequin (« une imagination qui est venue à mon fils »), et il considère que ce déguisement sera « de peu de temps » (I, 4). Les deux jeunes gens ont eu le même désir de connaître véritablement leur futur(e), ce qui a suscité la même idée et la même conception du stratagème à mettre en place. Ainsi se dessine une relation maître / valet dans laquelle les maîtres, pour une fois, mènent le jeu, les valets ne faisant qu'obéir aux ordres et subir la situation qu'ils n'ont pas imaginée eux-mêmes.

Au reste, à la fin de l'acte II, ce sont encore eux qui font rebondir l'action. Dorante se démasque, ce qui semblerait annoncer le dénouement rapide de la pièce mais Silvia se tait sur son identité véritable et décide de relancer le jeu en mettant le jeune homme à l'épreuve en lui présentant Mario comme un rival. Là encore, le rythme s'accélère et Silvia impose un rôle à son frère (« il me vient de nouvelles idées, il faudra feindre de m'aimer ») ; le ton est impératif : « Ne perdons point de temps. » (II, 13).

Le temps semble donc jouer en faveur des maîtres, du moins pensent-ils le maîtriser suffisamment, et il permettra à Dorante et Silvia de voir clair dans leur cœur. En revanche, pour les valets, l'écoulement du temps peut apparaître comme une épreuve des plus cruelles. Plus Lisette et Arlequin découvrent et comprennent qu'ils s'aiment, plus le temps passe, rendant difficile le retour à un *statu quo ante*[1], plus leur situation promet d'être cruelle au dénouement. Lisette, particulièrement lucide, voudrait faire tomber le masque dès le début de l'acte II (scène 1). Lisette agit dans l'urgence : « Il est temps qu[e Silvia] se déclare, cela presse. » Cette réplique, qui semble provoquée par un louable sentiment de loyauté envers Silvia (qu'elle ne veut pas priver d'un bon mari), montre aussi que Lisette craint les désillusions. À ce moment précis, pleine de bon sens comme elle l'est, elle estime qu'elle pourra encore oublier Dorante ; son amour naissant peut encore être combattu efficacement et même vaincu. Mais, si personne n'agit pour interrompre la comédie, ils seront allés trop loin pour pouvoir revenir en arrière. Là encore, le temps presse : « Le cœur de Dorante va bien vite. Tenez, actuellement, je lui plais beaucoup ; ce soir, il m'aimera ; il m'adorera demain. » Si elle ne s'empêche pas de l'aimer, très vite, elle ne pourra plus rompre (l'effet dû à l'emploi du futur de l'indicatif est encore accentué par la construction en miroir complément de temps + verbe / verbe + complément de temps). Sa position est alors des plus ambiguës : **il ne lui déplaît pas, d'autant moins que l'épouser lui permettrait de changer de condition** ; grâce à ce mariage, elle deviendrait maîtresse à son tour. Lisette espère, surtout que M. Orgon, non sans une certaine cruauté, autorise d'avance ce mariage, et plus forte sera donc la désillusion lorsque les masques tomberont.

Dans sa pièce, **Marivaux joue sur les décalages temporels** : Dorante succombe presque immédiatement au charme de Silvia-Lisette ; en revanche, Silvia ne comprendra vraiment ses sentiments qu'après que Dorante se sera dévoilé, comme si le préjugé avait encore dominé son esprit, comme si elle avait repoussé inconsciemment la possibilité d'un mariage avec un inférieur, même si elle sentait

---

1. C'est-à-dire « à la situation antérieure ».

confusément qu'elle l'aimait[1]. Ce décalage permet de différencier la perception du temps chez les deux jeunes gens. Dorante en est victime : il est de plus en plus inquiet et tourmenté à mesure que le temps passe et que l'heure de son départ approche, ce qui l'obsède : « Ce n'est pas la peine de nous gêner pour le peu de temps que nous avons à nous voir » (II, 9) ou encore « J'ai à te parler pour la dernière fois » (II, 12). Silvia, de son côté, ne distingue plus vraiment le présent du futur ; comme paralysée par la découverte de ses émotions, elle refuse à plusieurs reprises de les fixer dans le temps, ce que marque tantôt l'alternance du présent et du futur : « Je ne te hais, ni ne t'aime, ni ne t'aimerai » (II, 9), tantôt l'alternance du passé et du présent : « Je ne suis point partie, je ne pars point, me voilà encore, et je réponds ! »

Silvia, maîtresse du jeu à l'origine et qui donnait des ordres en tenant compte du temps (c'est « pour peu de temps » que Lisette prendra sa place) retrouvera logiquement sa capacité à gérer le temps lorsque Dorante se sera dévoilé et qu'elle ne sera plus perturbée par les sentiments qu'elle découvrait en elle dans un mélange de crainte et de douceur. Elle redevient metteur en scène : sa dernière réplique à Dorante accumule les futurs de l'indicatif (« iront », « reverront », « chercherons ») ; dans la scène suivante, elle donne des ordres à son frère qu'elle transforme en acteur* : « Ne perdons point de temps » (II, 12 et 13) ; enfin, à l'acte suivant, ce sont des futurs « apaisés » dirons-nous, qu'elle utilise pour parler de son mariage à son père :

> Si vous saviez combien je lui tiendrai compte de ce qu'il fait aujourd'hui pour moi, combien mon cœur gardera le souvenir de l'excès de tendresse qu'il me montre ! [...] combien tout ceci va rendre notre union aimable ! Il ne pourra jamais se rappeler notre histoire sans m'aimer, je n'y songerai jamais que je ne l'aime. (III, 4)

On est loin des déclarations fracassantes de Silvia relatives au mariage dans la toute première scène de la pièce : le temps a fait son œuvre.

---

1. Il est vrai qu'au XVIIIe siècle, on acceptait beaucoup plus volontiers qu'un homme épouse une femme de condition inférieure que l'inverse.

VIII. L'ESPACE

De même que Marivaux respectait l'unité de temps dans sa comédie, **il y applique rigoureusement la règle de l'unité de lieu**. Selon les théoriciens du classicisme (rappelons que la règle concerne davantage la tragédie que la comédie à laquelle elle ne s'applique que par extension), l'action d'une pièce de théâtre doit se dérouler tout entière dans un lieu unique. La règle pure implique donc une adéquation parfaite entre lieu et décor, ce qui est le cas dans *Le Jeu de l'amour et du hasard*. En effet, non seulement la totalité de la pièce se situe dans la maison de M. Orgon, ce qui pourrait suffire pour que l'unité (au sens large) soit respectée, mais les trois actes ne se déroulent que dans une seule pièce de cette maison. Encore, cette salle reste-t-elle indéterminée et non caractérisée. Marivaux n'en dit rien de particulier comme si toute référence à un réel anecdotique risquait de dénaturer l'action dramatique. En ce sens, *Le Jeu de l'amour et du hasard*, comme de nombreuses œuvres dramatiques de Marivaux, est conçu de la même façon qu'une tragédie racinienne, et les scénographes contemporains ne s'y sont pas trompés. Souvent, les décors imaginés pour ces pièces pourraient convenir à la représentation de *Bérénice*, par exemple, la plus dépouillée des tragédies françaises ; Yannis Kokkos illustre bien cette caractéristique :

> Le théâtre de Marivaux a besoin d'être dégagé de la gangue d'un réel trop pesant. C'est pourquoi pour les pièces de Marivaux, j'ai toujours cherché des réponses allant vers l'abstraction[1].

En fait, Marivaux, ici, se souvenait peut-être des préceptes énoncés par Corneille qui voulait « laisse[r] le lieu de la scène au choix du lecteur » ou du spectateur, expliquant : « Où vous l'aurez une fois placée, elle s'y tiendra[2]. »

Marivaux ne donne qu'une seule indication pour caractériser le lieu dans lequel se déroule l'action de sa pièce. Il écrit, à la suite de la liste des personnages : « La scène est à Paris. » (Encore, cette indication ne

1. Cité par Françoise Rubellin, *Marivaux dramaturge : La Double Inconstance, Le Jeu de l'amour et du hasard*, Paris, Champion, 1996, p. 147 (d'après Claire Tastet, *Le Lieu dans le théâtre de Marivaux*, mémoire de maîtrise, Bordeaux III, 1995, p. 9).
2. Préface de *Clitandre*.

peut-elle renseigner que le lecteur et non le spectateur.) Par la suite, Paris ne sera plus mentionné que par opposition à la « province » où M. Orgon s'était rendu pour arranger le mariage de sa fille (I, 2) et la seule fois que l'espace extérieur à la maison sera évoqué, il ne sera question que du bureau de messageries (c'est-à-dire l'endroit où arrivaient les voitures des voyageurs) où l'on suppose que Dorante est resté plus longtemps que son valet pour traiter quelque affaire (I, 5).

Aucune précision n'est donnée quant au décor dans lequel se déroule la pièce. Comme dans la tragédie classique, la scène doit être située dans une sorte de salle commune (un vestibule, par exemple) où chacun peut être amené à passer à l'occasion puisque cette pièce est située au rez-de-chaussée de la maison et non à l'étage où se trouvent les appartements privés (donc moins facilement accessibles par tout un chacun), notamment ceux de Silvia[1] et de M. Orgon[2]. En revanche, il semble que l'appartement réservé aux invités de passage soit situé au rez-de-chaussée et communique avec la pièce dans laquelle se situe l'action puisque Silvia-Lisette explique à Dorante-Arlequin : « Tu vois cet appartement, c'est le vôtre. » (I, 7). Si la porte de cet appartement est « visible », il doit être contigu à la salle commune où se trouvent les personnages. Un tel détail n'est peut-être pas innocent ; il suggère que M. Orgon n'occupe pas un fastueux hôtel particulier parisien mais plutôt une maison de taille modeste puisque trois appartements seulement sont situés à l'étage — on peut supposer que Mario, fils de famille, est lui aussi logé au premier étage —, les invités devant voisiner au rez-de-chaussée avec les domestiques. **M. Orgon serait donc un représentant de la petite bourgeoisie parisienne**. (Certes, le mot « hôtel » est bien prononcé pour désigner la maison de M. Orgon (I, 8), mais c'est Arlequin, domestique provincial, qui parle, et on peut imaginer que c'est là un abus de langage de la part d'un personnage qui maîtrise mal le vocabulaire des maîtres.) Enfin, il est probable que cette maison donne sur un jardin puisque lorsque Arlequin sort quelques instants en attendant que Lisette et Silvia aient eu le temps de discuter, il déclare qu'il va se promener, donc à proximité immédiate (II, 6).

---

1. « Ma fille s'habille, elle a été un peu indisposée ; en attendant qu'elle descende, voulez-vous vous rafraîchir ? » (I, 10).
2. « Je vais faire descendre Monsieur Orgon. » (I, 8).

Marivaux ne cherche donc pas, comme Diderot plus tard, à inscrire l'action du *Jeu de l'amour et du hasard* dans un réel trop précis et particularisé ; il n'ambitionne pas de peindre ses contemporains dans tous leurs détails et ne veut pas à tout prix que les spectateurs se reconnaissent dans les personnages qu'il met en scène. **Le « réalisme » et l'illusion ne sont pas ses priorités**. Comme dans la tragédie, il semble plutôt vouloir exploiter des situations et considère peut-être que les personnages ne sont que des porte-parole des passions : ce sont elles qui l'intéressent et non les individus. C'est dans l'épure que travaille Marivaux, en refusant le détail importun pour **laisser l'attention du spectateur se concentrer sur le point important : la naissance et le jeu de l'amour**.

Pour la première fois, dans *Le Jeu de l'amour et du hasard*, Marivaux choisit pour cadre une maison parisienne. Ce choix se confirmera ensuite avec *L'École des mères* ou *Les Fausses Confidences*, par exemple. L'ayant constaté, André Tissier explique :

> Plus Marivaux avance dans sa carrière dramatique, plus il tend à passer de lieux imaginaires, de campagnes indéterminées à des lieux géographiquement définis et à donner à son action des références au réel. Cette tendance correspond aux années où Marivaux écrit *La Vie de Marianne* et *Le Paysan parvenu*[1].

On peut, en effet, considérer que l'expérience romanesque a joué un rôle (le premier livre de *La Vie de Marianne* paraît au printemps 1731) et que, sur scène, Marivaux a poursuivi dans la lignée des romans en choisissant Paris pour cadre de ses comédies. Toutefois, il est difficile d'admettre, dans le cas du *Jeu de l'amour et du hasard*, qu'il a préféré « des lieux géographiquement définis ». Ce qui reste vrai, en revanche, c'est qu'**il amorce, avec cette pièce, une peinture de la société parisienne de son temps, resserrant son attention sur la famille bourgeoise**. En ce sens, les œuvres de Marivaux, et *Le Jeu de l'amour et du hasard* tout particulièrement, correspondent bien au XVIIIe siècle et rendent compte de l'importance grandissante que prendra la cellule familiale. D'une certaine façon, la quasi-indéfinition du lieu dans lequel se déroule l'action de cette pièce, rend compte du

1. André Tissier, *« Les Fausses Confidences » de Marivaux*, Paris, S.E.D.E.S., 1976, p. 114.

repli de la bourgeoisie sur la sphère privée (l'intérieur bourgeois), repli qui marquera profondément le siècle.

IX. LES PERSONNAGES

Le Jeu de l'amour et du hasard est une comédie qu'on pourrait qualifier d'*intimiste* ou de familiale : Marivaux ne met en scène que six personnages[1] : un père, M. Orgon, ses deux enfants, Mario et Silvia, et la femme de chambre de Silvia, Lisette. Les deux autres personnages, Dorante et son valet Arlequin, ne font pas encore partie de la famille mais sont destinés à s'y intégrer puisque Dorante doit épouser Silvia. Un faible nombre de personnages tous liés entre eux par des intérêts familiaux, une unité de temps, de lieu et d'action respectées peuvent faire penser à une tragédie de type racinien, n'étaient le caractère des personnages, la nature de l'intrigue et son traitement.

Nota. L'ordre dans lequel Marivaux donne la liste des personnages en tête de sa pièce ne correspond pas à l'importance accordée à chacun d'entre eux dans le déroulement de l'intrigue mais reprend, comme il était d'usage à l'époque, l'ordre hiérarchique admis par la société. Le père, qui détient l'autorité vient donc en premier, suivi par son fils, amené à le remplacer en cas d'absence, ce qui relègue Silvia en troisième position. Viennent ensuite Dorante, qui ne fait pas partie de la famille et ne dépend donc pas de l'autorité de M. Orgon, puis les valets. Enfin, un valet intervient une seule fois pour annoncer l'arrivée de Dorante (I, 5) et n'est pas mentionné dans cette liste. Son absence est peut-être le résultat d'un oubli à moins qu'elle ne soit due à l'insignifiance du rôle (une seule réplique), ce qui range ce personnage dans la catégorie des « utilités » plus que dans celle des acteurs*.

---

1. En fait sept personnages puisqu'un laquais intervient à l'acte I, scène 5 pour annoncer l'arrivée de Dorante.

1. M. Orgon

Contrairement aux pères comiques traditionnels auxquels Molière avait habitué le public parisien, **M. Orgon n'a rien de tyrannique, bien au contraire**. Une seule chose le préoccupe, assurer le bonheur de sa fille. Il se soucie peu d'asseoir son autorité et s'il est obéi de ses enfants ou de ses domestiques, c'est probablement davantage par respect pour sa personne que par peur de ses réactions. À l'évidence, lui-même respecte ses enfants, ce que montre la scène 2 de l'acte I. Comme le voulait l'usage au XVIIIe siècle, c'est lui qui choisit un mari pour sa fille et, comme cela arrivait parfois, il ne connaît pas le jeune homme qu'il lui destine. Le mariage a été arrangé entre les pères sans que l'avis des enfants ait été pris au préalable. Cependant, une fois le choix opéré, il cherche à s'informer auprès de Lisette (voir I, 1) avant de s'adresser directement à Silvia (I, 2) à qui il explique que ce mariage ne se fera qu'avec son accord :

> J'arrêtais ce mariage-là [...] à condition que vous vous plairiez tous deux, et que vous auriez entière liberté de vous expliquer là-dessus [...]. Si Dorante ne te convient point, tu n'as qu'à le dire, il repart ; si tu ne lui convenais pas, il repart de même. (I, 2)

On imagine mal une telle réplique dans la bouche d'un des pères de Molière ! M. Orgon, lui, comprend les inquiétudes de sa fille et ne voit aucun inconvénient à ce qu'elle échange sa place avec Lisette pour être à même de juger Dorante le plus objectivement possible. En outre, cette idée promet de se révéler particulièrement amusante puisqu'il sait dès le départ que Dorante a imaginé le même stratagème.

2. Mario

Mario, frère de Silvia (sans qu'on sache qui des deux est l'aîné), reprend le nom du « second amoureux » traditionnel dans la comédie italienne, mais Marivaux adresse un clin d'œil au spectateur en le transformant en second amoureux dans la « représentation » que Silvia met en scène. Visiblement, Mario songe plus à s'amuser (« C'est une aventure qui ne saurait manquer de nous divertir », dit-il[1]) de la situation que son père, celui-ci n'oubliant jamais malgré tout que l'avenir de sa fille est en jeu. S'il se trouve dans la même position que M. Orgon, connaissant le « secret », il n'est cependant pas simplement son double, second spectateur, puisqu'il jouera un rôle actif dès la fin du deuxième acte. Allant jusqu'au bout pour s'amuser, Mario choisit d'emblée de s'inclure dans le jeu en se présentant comme le prétendant de Silvia-Lisette dès l'acte I ; il se montre particulièrement taquin et use avec abondance des expressions à double entente. C'est lui qui rappelle à Silvia les règles du jeu (I, 5), qui cherche à provoquer des réactions de la part des jeunes gens, bref, qui **favorise leur amour**.

3. Silvia

En termes de présence, Silvia est le personnage le plus important. Présente dans vingt des trente-deux scènes de la pièce, elle est également la seule à être créditée d'un monologue* (II, 8) et c'est à elle que revient la toute première réplique de la pièce. Silvia est en âge d'être mariée mais craint par dessus tout d'être malheureuse en ménage, comme tant de femmes qu'elle connaît ; c'est donc pour mettre toutes les chances de son côté qu'elle imagine de se faire passer pour Lisette aux yeux de Dorante. En fait, Silvia est tout à fait représentative de son temps en voulant assurer son bonheur[2] mais **cette aspiration au bonheur, légitime à nos yeux, dissimule une dimension revendicative** : Silvia veut choisir elle-même son mari ; elle se veut donc une femme libre et responsable de son sort. C'est paradoxalement derrière le tablier d'une domestique (catégorie sociale destinée à être dominée) qu'elle découvrira simultanément l'amour et fera l'expérience des inégalités sociales puisque c'est d'un valet, croit-elle, qu'elle est tombée amoureuse. Jusqu'à la fin de l'acte II, Silvia est donc tiraillée entre ses sentiments et sa raison, ce qui peut expliquer certaines de ses réactions parfois violentes. Lorsque Dorante s'est dévoilé, elle regagne en assurance puisqu'elle voit « clair dans [son]

1. Acte I, scène 4.
2. Sur l'importance que prend le thème du bonheur au XVIIIe siècle, voir Robert Mauzi, *L'Idée du bonheur dans la littérature française au XVIIIe siècle* (1960), Genève et Paris, Slatkine, 1979.

cœur ». Une seule chose compte alors se faire aimer et, avec une certaine cruauté, alors que Dorante lui avait épargné de devoir vaincre son préjugé de classe, elle provoque un conflit chez l'homme qu'elle aime en lui imposant de se déclarer prêt à une mésalliance.

4. Dorante

Avant son entrée en scène, le spectateur est prévenu, grâce à la description qu'en fait Lisette : Dorante est une sorte de jeune homme idéal, **le type parfait du « premier amoureux »** : il est « un des plus honnêtes hommes du monde, […] bien fait, aimable, de bonne mine » ; en outre, il a de l'esprit et le « meilleur caractère » qui soit (I, 1). M. Orgon viendra ensuite compléter ce portrait flatteur sur le plan psychologique : Dorante est aussi « original » que Silvia ; comme elle, il veut assurer son bonheur personnel avant tout puisqu'il a imaginé le même stratagème qu'elle. Placé devant le même dilemme que Silvia, prisonnier des conventions sociales qui entrent en contradiction avec ses sentiments, il choisit de se dévoiler, voyant là un moyen de se dégager de son amour pour une femme de chambre puisqu'il ne lui « est pas permis d'épouser une servante » (II, 12). Il devient alors victime de Silvia qui l'oblige à passer outre les préjugés, à renier son rang, à se renier lui-même. Trop amoureux d'elle pour ne pas céder, il finit par se déclarer. Dorante va donc infiniment plus loin que Silvia dans le rejet des préjugés et des conventions sociales. D'une certaine façon, Dorante est **un héros cornélien retourné** : c'est le devoir qui est sacrifié, la société qui est vaincue, et c'est son amour qu'il choisit de suivre.

5. Lisette

Lisette pourrait n'être qu'une soubrette comme les autres, très proche de sa maîtresse et favorisant son bonheur, au verbe haut et à la réplique mordante. Pourtant, le schéma traditionnel est infléchi : Lisette défend le mariage sur lequel Silvia montre des réticences. En fait, elle représente une sorte de bon sens commun, plutôt conformiste, et se trouve être, finalement, moins audacieuse que sa maîtresse. En outre, Lisette se montre d'une loyauté inébranlable. Voyant qu'Arlequin-Dorante succombe à ses charmes, elle voudrait cesser le jeu pour ne pas nuire à Silvia : elle redevient alors servante et s'efface au profit de sa maîtresse (il reste malgré tout que sa vanité ne peut être que flattée puisqu'elle a séduit celui qui aurait dû épouser sa maîtresse). Lorsque M. Orgon l'autorise à poursuivre et l'assure même qu'il ne l'empêchera pas d'épouser celui qu'elle croit être Dorante, la comédie tourne à la tragédie : pour elle, **ce mariage est un moyen de s'élever socialement**, ce qu'elle avait déjà réalisé en prenant l'identité de sa maîtresse mais il ne s'agissait encore que d'un jeu. Lisette croira atteindre ce but rêvé mais les rêves d'ascension sociale s'effondreront bien vite sans espoir de retour. Lisette est Lisette et ne peut épouser qu'un Arlequin. Le rôle de Lisette est donc particulièrement complexe : femme et servante en même temps, rivale de sa maîtresse, se croyant future maîtresse elle-même, elle voit s'écrouler ses rêves de promotion sociale mais, en contrepartie, elle a découvert l'amour, elle aussi. Raisonnable avant tout, elle décide de s'en contenter, peut-être de mauvais cœur : « Le mal n'est pas grand, consolons-nous. » (III, 6).

6. Arlequin

Le plus célèbre et le plus typé des valets de la comédie italienne, Arlequin caractérise le plaisir, et même l'avidité au plaisir. Dans *Le Jeu de l'amour et du hasard*, Marivaux conserve ce trait si particulier du personnage en faisant du valet un jouisseur, gourmand et impatient, parfois grivois*, balourd et maladroit, bref à l'opposé des maîtres qu'on suppose, évidemment, plus policés et raffinés, comme l'est Dorante. Grâce à cette vitalité à toute épreuve, Arlequin mène rondement ses affaires (Lisette cède rapidement à ses instances et lui avoue qu'elle l'aime) et sait profiter de la situation inattendue qui l'a transformé en maître pour quelques heures. Il se plaît à taquiner Dorante, sans méchanceté véritable, dès que l'occasion se présente. Contrairement à Lisette, il n'hésite pas lorsqu'il comprend qu'il pourrait, en se mariant, changer de condition et, quelque peu malhonnête, il ne verrait pas d'inconvénient à tromper M. Orgon et celle qu'il croit Silvia en ne se dévoilant pas avant le mariage. Plus gai et plus insouciant que Lisette, il accepte de bon cœur, et probablement avec moins de regret qu'elle, de retrouver sa position de domestique. Pour lui, tout cela n'a été qu'**un jeu dont il a su profiter et jouir** ; il a perdu tout espoir de devenir maître mais il a rencontré l'amour et ne s'en trouve pas malheureux.

Tableau de présence des personnages

Acte premier

	1	2	3	4	5	6	7	8	9	10
M. Orgon		X	X	X	X	X				X
Mario			X	X	X	X				
Silvia	X	X	X		X	X	X	X		
Dorante						X	X	X	X	X
Lisette	X	X								
Arlequin								X	X	X

Acte II

	1	2	3	4	5	6	7	8	9	10	11	12	13
M. Orgon	X	X								X	X		
Mario										X	X		X
Silvia						X	X	X	X	X	X	X	X
Dorante				X					X	X		X	
Lisette	X	X	X	X	X	X							
Arlequin		X	X	X	X	X							

Acte III

	1	2	3	4	5	6	7	8	9
M. Orgon				X	X				X
Mario		X	X	X	X				X
Silvia			X	X	X			X	X
Dorante	X	X	X				X	X	X
Lisette					X	X			X
Arlequin	X					X	X		X

Total

Silvia	20 scènes
Dorante	15 scènes
M. Orgon	13 scènes
Mario Lisette Arlequin	12 scènes

X. LE LANGAGE : LA « PRÉCIOSITÉ » DE MARIVAUX

Marivaux a laissé son nom dans la langue française grâce au verbe ***marivauder*** et au substantif correspondant ***marivaudage***. Preuve de la célébrité de l'auteur, ces mots apparaissent de son vivant, la première occurrence connue du second remontant à 1743, comme l'a montré Jean Sgard[1]. Toutefois, au XVIIIe siècle, ce deux mots sont généralement pris en mauvaise part, pour souligner les défauts de Marivaux, son « style entortillé et précieux[2] », voire pour dénoncer le « singulier jargon[3] » omniprésent dans ses pièces. Aujourd'hui encore, le terme « marivaudage » définit un type de langage particulièrement subtil et s'applique même, par extension à des situations mettant en scène la fragilité des sentiments et des impressions de personnages amoureux. La définition que donne le *Nouveau Larousse illustré* (7 volumes) reste encore quelque peu péjorative :

> [Le] style élégant et facile [de Marivaux] a toutes les nuances et toutes les vivacités de la conversation : il est parfois précieux et maniéré, bien qu'il faille voir dans le marivaudage moins une façon d'écrire qu'une façon de penser, recherchée souvent, il est vrai, mais résultant nécessairement d'une analyse raffinée des sentiments les plus délicats[4].

Et *Le Petit Robert* distingue les deux sens sans être positif : « Affectation, afféterie, préciosité, recherche dans le langage et le style [...]. Propos, manège de galanterie délicate et recherchée », renvoyant au mot « badinage ». Quant au verbe *marivauder*, il signifie, toujours selon le même dictionnaire : « Tenir, échanger des propos d'une galanterie délicate et recherchée[5]. » Le marivaudage désigne donc un style mais aussi des situations particulières que Marivaux a souvent mises en scène, comme si la situation entraînait une forme de langage qui lui correspond. Marivaux, d'une certaine façon, justifiait

---

1. Jean Sgard, « Marivaux dans la correspondance de Madame de Graffigny », *Revue Marivaux*, n° 5, 1995, p. 192-193.
2. Palissot, voir les « Jugements » sur la pièce, p. 87.
3. D'Alembert, *Éloge de Marivaux*, dans *Théâtre complet* de Marivaux, publié par Frédéric Deloffre, Paris, Garnier, Classiques, 1980-1981, t. II, p. 986.
4. Article « Marivaux », éd. 1897-1904.
5. Édition 1977.

par avance le marivaudage dans la première feuille du *Spectateur français* :

> Je n'examine pas si [telle pensée] est fine, si celle-ci l'est moins ; car mon dessein n'est de penser ni bien ni mal, mais simplement de recueillir fidèlement ce qui me vient d'après le tour d'imagination que me donnent les choses que je vois ou que j'entends [...]. Serait-ce qu'il y aurait moins d'esprit, de délicatesse, ou moins de force dans les idées de ce genre ? Point du tout. Il y régnerait seulement une autre sorte d'esprit, de délicatesse et de force, et cette autre sorte-là vaudrait bien celle qui naît du travail et de l'attention[1].

Et lorsqu'il répondra aux critiques qui seront rapidement formulées contre son style dit « précieux » ou trop « recherché », il expliquera, grâce à un exemple :

> Je vois d'ici un jeune homme qui a de l'esprit, qui compose, et qui, de peur de mériter le même reproche ne va faire que des phrases ; il craindra de penser finement parce que s'il pensait ainsi, il ne pourrait s'exprimer que par des mots qu'il soupçonne que vous trouveriez précieux. De sorte qu'il rebute toutes les pensées fines et un peu approfondies qui lui viennent, parce que, dès qu'il les a exprimées, il lui paraît à lui-même que les mots propres, dont il n'a pu s'empêcher de se servir, sont recherchés. Ils ne le sont pourtant pas ; ce sont seulement des mots qu'on ne voit pas ordinairement aller ensemble, parce que la pensée qu'ils expriment n'est pas commune[2].

Incontestablement, pour Marivaux, **style et pensée vont de pair et, à pensée neuve, originale, correspond nécessairement un style neuf et original**. Nous sommes loin de l'uniformité qu'on lui a tant reprochée.

Marivaux est homme de théâtre. À ce titre, il se doit de faire parler différents types de personnages et donc d'adapter le vocabulaire utilisé par chacun à son caractère particulier ou à sa catégorie sociale. Le cas le plus extrême et le plus connu est celui du jargon paysan qu'on rencontre dans le *Dom Juan* de Molière (Charlotte, Mathurine et

---

1. *Journaux et Œuvres diverses*, *op. cit.*, p. 114-115. Il ajoute : « Oui ! je préférerais toutes les idées fortuites que le hasard nous donne à celle que la recherche la plus ingénieuse pourrait nous fournir dans le travail. » (*ibid.*, p. 116-117).
2. *Le Cabinet du philosophe* (1734), sixième feuille, *ibid.*, p. 384-385.

Pierrot), par exemple, ou, chez Marivaux lui-même, dans *Les Acteurs de bonne foi* (Blaise et Colette). Dans *Le Jeu de l'amour et du hasard*, les différences de niveaux de langage entre les personnages ne sont bien évidemment pas aussi tranchées. M. Orgon, ses enfants et Dorante appartiennent plus ou moins au même milieu et les valets, Lisette et Arlequin, le fréquentent depuis si longtemps qu'ils ont pu épurer leur langue (surtout Lisette). Collé avait-il alors raison de dire des personnages de Marivaux qu'ils parlent tous la même langue, qu'ils « ont tous le style de l'auteur » et que « les valets, les suivantes, jusqu'aux paysans mêmes, ont l'empreinte du style précieux[1] » ? *Le Jeu de l'amour et du hasard* démontre, subtilement, le contraire. Si l'écart entre le langage des maître et celui des valets n'est pas aussi frappant que dans *Les Acteurs de bonne foi*, par exemple, il n'en existe pas moins et devient un des principaux ressorts du comique dans la pièce.

Très vite, Marivaux montre au spectateur que Lisette ne parle pas, donc ne pense pas, comme Silvia. Dès la scène 2, elle résume la discussion qu'elle a eue avec sa maîtresse et plus particulièrement la fin de la scène dans laquelle Silvia avait dressé les portraits des trois couples : Ergaste, « sombre, brutal, farouche » devient « un visage qui fait trembler », Léandre, « âme glacée, solitaire, inaccessible » devient « un autre [visage] qui fait mourir de froid, une âme gelée qui se tient à l'écart », quant à l'épouse de Tersandre, que Silvia avait trouvée « toute abattue, le teint plombé, avec des yeux qui venaient de pleurer », elle est décrite par Lisette comme « une femme qui a le visage abattu, un teint plombé, des yeux bouffis et qui viennent de pleurer ». La reprise de ces portraits, et le choix du vocabulaire, souligne bien l'écart entre la maîtresse et la servante, plus frustre mais aussi plus directe, voire dotée de davantage d'humour que Silvia qui prend les choses très au sérieux.

Ce n'est là qu'un exemple portant sur quelques répliques, mais Marivaux reproduit ce schéma à l'échelle de toute la pièce. Ainsi, le couple de valets décalque, d'une certaine façon, la préciosité des maîtres, lorsqu'ils se jouent mutuellement la comédie. À l'acte II, scène 3, Lisette et Arlequin reproduisent la situation vécue par Silvia

1. Collé, *Journal et Mémoires*, publié par H. Bonhomme, Paris, Firmin Didot frères, fils et Cie, 1868, t. II, p. 288.

et Dorante à la scène 7 de l'acte I lorsqu'ils avaient fait connaissance. **Cette scène peut être lue comme la version parodique d'un duo amoureux**, du langage précieux qu'utilisent les maîtres ou, du moins, que les valets imaginent que les maîtres utilisent couramment. À ce jeu, Arlequin, peut-être parce qu'il est provincial, se montre le plus maladroit accumulant les métaphores* et les hyperboles* sans parvenir à évincer de son vocabulaire les maladresses qui dénoncent sa véritable condition. Dans cette scène, avec ce personnage, **Marivaux souligne constamment le décalage existant entre identité et apparence, entre langage et pensée**, deux éléments qui devraient être liés et interdépendants mais qui sont ici disjoints puisque les personnages jouent un rôle qu'il maîtrisent mal. Le discours tenu par Arlequin juxtapose donc deux niveaux de langage incompatibles (trivial et relevé), correspondant à la duplicité* du personnage dans cette situation précise qui fait qu'il n'est pas ce qu'il dit et qu'il ne dit pas ce qu'il est. (Ex. : « Cher *joujou* de mon âme ! cela me réjouit comme du vin délicieux. Quel dommage de n'en avoir que roquille. »)

De la même façon, Silvia et Dorante ne maîtrisent pas le langage propre aux valets, ce que soulignait une série de remarques de Mario à l'acte I, scène 6, s'amusant à rappeler aux jeunes gens qu'ils sont supposés n'être que des valets (« entre gens comme vous », « ce n'est point encore là votre jargon »), clin d'œil aux spectateurs que Marivaux reprend à la scène suivante en jouant subtilement des apartés* dont le très explicite « Quel homme pour un valet ! » de Silvia. Finalement, pour Marivaux, le langage ne permet pas de dissimuler vraiment. Dans *Le Jeu de l'amour et du hasard*, il démontre qu'un serviteur ne peut pas plus faire sien l'état d'esprit d'un maître que le maître jouer au valet : **l'un comme l'autre sera toujours trahi par le langage**. Et si la comédie est possible c'est que, justement, Marivaux a eu l'idée géniale de dédoubler les couples : Silvia ne peut être qu'étonnée et non pas véritablement choquée en entendant Bourguignon parler un langage de quasi-maître : elle le comprend évidemment fort bien et elle-même en utilise un similaire en jouant à la servante. Les deux maîtres-valets se correspondent sur ce plan. La même remarque peut être faite à l'égard de Lisette et Arlequin. Mais si Lisette avait voulu séduire Bourguignon, ou Silvia s'intéresser à Dorante-Arlequin, le décalage de langage aurait été trop frappant pour que les personnages soient dupes ; la comédie n'aurait pu exister. Voilà peut-être une nouvelle justification de l'intrigue qui se joue entre les domestiques.

XI. QUELQUES ÉTUDES THÉMATIQUES

1. Amour, connaissance de l'autre et connaissance de soi

Traditionnellement, le mariage de deux jeunes gens constitue le principal enjeu d'une comédie. À partir de ce point de départ, de multiples combinaisons sont possibles. Le plus souvent, ce mariage est refusé par les parents et toute l'action consistera à contourner cet obstacle : les personnages amoureux, souvent aidés par les valets, doivent imaginer un stratagème, moins pour convaincre le père récalcitrant que pour le placer devant le fait accompli. La dernière scène fait alors intervenir un notaire et le mariage se réalise sous les yeux des spectateurs (c'est le cas dans la plupart des pièces de Molière).

Avec *Le Jeu de l'amour et du hasard*, **Marivaux reprend le thème comique par excellence du mariage** et la dernière scène laisse présager un dénouement heureux et deux mariages. Toutefois, il se démarque largement des productions dramatiques contemporaines. Certes, l'enjeu est le mariage de Dorante et Silvia, mais s'ajoute à cette donnée initiale le mariage d'Arlequin et de Lisette, tandis que, pour Silvia, l'obstacle à vaincre avant d'épouser Dorante n'est pas un père intransigeant qui s'opposerait à son union, bien au contraire, mais elle-même et l'idée qu'elle se fait du mariage : à ses yeux, « le mari est un danger », comme l'écrit Michel Deguy[1], et elle ressent le besoin impérieux de se rassurer.

Au bout du compte, l'enjeu de la comédie est moins le mariage que le désir de connaître objectivement l'autre, pour, finalement se mieux connaître soi-même, ce dont les jeunes gens ne sont évidemment pas encore conscients lorsque débute l'action. *Le Jeu de l'amour et du hasard* relate donc **l'histoire d'une prise de conscience**, partiellement involontaire, qui conduit Silvia et Dorante du désir de connaître l'autre

1. Michel Deguy, *La Machine matrimoniale ou Marivaux*, Paris, Gallimard, « Tel », (1982) 1986, p. 95.

à une meilleure connaissance d'eux-mêmes, ce que montrent bien deux répliques de Silvia. Son projet initial, ce qu'elle désire avant tout, c'est voir Dorante, « l'examiner un peu » à son insu (I, 2). Certes, elle y parviendra mais, au-delà, la quête est détournée, un second objet de connaissance est venu s'ajouter au premier : « Ah ! je vois clair dans *mon* cœur », s'exclamera-t-elle, comme pour résumer son cheminement personnel (II, 12).

Pourtant, la règle du jeu paraissait claire : Silvia et Dorante voulaient s'observer mutuellement (accessoirement Lisette et Arlequin se trouvent dans la même situation). Mais Silvia ne remarque qu'à peine Arlequin, qu'elle devrait croire son futur mari, tout comme Lisette ne prête guère d'attention à Dorante qu'elle devrait supposer n'être qu'un valet. La proposition inverse est encore vraie : Arlequin n'observe jamais Silvia qu'il ne connaît que comme soubrette et Dorante n'observe jamais Lisette dont il est nécessairement convaincu qu'elle est sa promise. En tout cas, Marivaux ne ménage aucun tête-à-tête entre ces personnages : mis à part au dénouement, Lisette ne rencontre Bourguignon-Dorante qu'une seule fois, mais en présence d'Arlequin (II, 4) et Silvia ne voit son supposé futur fiancé que deux fois, avec Dorante ou Lisette comme témoin (I, 8 et II, 6). **C'est que le projet a été perverti par l'irruption de l'amour.**

Dès le premier regard, Dorante a succombé, semble-t-il, au charme de Lisette-Silvia. Il n'a plus d'yeux que pour elle, même si une simple servante ne devrait pas susciter son intérêt. Des quatre personnages, c'est donc lui qui sera observé le plus longtemps et le plus cruellement. Il pensait pourtant être redevenu maître du jeu, avoir quitté son habit de comédien pour endosser celui de metteur en scène de sa propre vie en se dévoilant, mais il sera abusé jusqu'au dénouement. Pire encore, il sera mis à l'épreuve par Silvia qui a enrôlé son frère Mario, chargé de faire croire qu'il a des prétentions sur la soubrette. Et c'est cette épreuve même qui, finalement, fortifiera son amour et établira son union avec Silvia sur des bases inébranlables, comme l'explique la jeune fille à M. Orgon (III, 4). C'est en se connaissant soi-même, en connaissant l'autre, en ayant subi victorieusement une série d'épreuves destinées, justement, à **mettre à nu la personnalité réelle de chacun** que l'amour peut triompher et le mariage se fonder sur des bases solides.

2. Le théâtre dans le théâtre

Très souvent chez Marivaux, les personnages jouent des rôles, se comportent comme des acteurs de théâtre. L'exemple le plus abouti de la mise en abyme* du théâtre reste, bien sûr, *Les Acteurs de bonne foi* : le titre suffit à indiquer au spectateur que les personnages ne sont que des « acteurs », et l'action le lui rappellera très régulièrement puisque ces personnages répètent une pièce. **Tout un jeu peut alors s'organiser entre vérité et fiction.** On voit déjà que cette technique est également mise en œuvre dans *Le Jeu de l'amour et du hasard* : il est difficile pour Silvia et Dorante, Lisette et Arlequin, de faire la part du jeu et celle de la réalité. L'un l'autre se contaminent en permanence, ce qui permet à Marivaux, de dénoncer l'effet pervers du mensonge, du théâtre, du port du masque dans la vie sociale grâce au théâtre qui est lui-même fondé sur le mensonge, l'illusion ; et le théâtre peut même utiliser les masques stéréotypés, comme dans la tradition du théâtre italien (même si, en 1730, les acteurs de la troupe installée à Paris jouent le plus souvent à visage découvert).

Chez Marivaux, les personnages se déguisent*, ou plus exactement, se travestissent* puisque, au-delà du désir de tromper l'autre en changement de vêtement, ils veulent également changer de nature en échangeant leurs conditions. Dans *Le Jeu de l'amour et du hasard*, sur six personnages, quatre se travestissent*, et tous en trompent au moins un autre. Ici, Mario et M. Orgon occupent une place particulière : pour tous, ils restent le frère et le père de Silvia (mais quelle Silvia ?) mais ils trompent les quatre autres personnages en ne révélant pas ce qu'ils savent du double travestissement*. En fait, il faut attendre la fin de la pièce pour que chacun reprenne son identité ; seul Dorante s'est dévoilé auparavant, à la fin de l'acte II. Ainsi, **tout au long de la pièce, les personnages sont doubles** : ils sont eux-mêmes et celui qu'ils veulent faire croire qu'ils sont, ces deux aspects se contrariant en permanence.

C'est donc sur un jeu, un mouvement de va-et-vient entre personnage regardé (acteurs) et personnage regardant (spectateurs) que Marivaux a construit sa pièce, le regardant pouvant également changer de statut et devenir, selon les circonstances, un regardé. Lorsque débute la comédie, Silvia se place elle-même du côté des personnages regardants, du côté des acteurs. Le stratagème n'a de raison d'être que dans la mesure où il lui permettra d'observer Dorante. Dévoilant son intention, elle inclut dans la catégorie des regardants Lisette, qui doit nécessairement être au courant, mais aussi son père (I, 2) et son frère, Mario (I, 3). Resté seul avec son fils, M. Orgon explique que, de son côté, Dorante a imaginé de se déguiser lui aussi. Dès lors, les catégories de précisent et surtout se compliquent. Silvia et Lisette pensent n'être que regardantes mais seront en même temps regardées, tout comme Dorante et Arlequin, tandis que Mario et M. Orgon ne seront que regardants, de la même façon que le spectateur qui partage le secret du double travestissement* (I, 4) ; ils seront même, d'une certaine façon, metteurs en scène puisque, connaissant le secret, il pourront infléchir le déroulement de l'action. Ainsi, lorsque Silvia voudra abandonner le jeu à l'acte II, M. Orgon l'obligera à le poursuivre (scène 2). « Ils se donnent la comédie », dira-t-elle à propos de son père et de son frère (I, 7), sans savoir que sa remarque est particulièrement pertinente.

La sixième scène de l'acte I confirme le schéma mis en place par Marivaux puisque Silvia fait la connaissance de Dorante sous le regard des deux spectateurs que sont M. Orgon et Mario. Vient ensuite le premier tête-à-tête entre les jeunes gens qui se découvrent, sans véritablement s'observer d'ailleurs puisque chacun est persuadé n'avoir pas affaire à son (sa) futur(e) époux(se). Ce schéma se retrouvera inversé à l'acte II : c'est à la fin du duo Silvia / Dorante (II, 9) que Mario et M. Orgon interviennent et leur position de spectateurs est d'autant plus affirmée qu'ils « entrent et ne disent mot », comme le précise Marivaux en didascalie*, pendant sept répliques.

Ainsi, **les quatre personnages centraux se trouvent, en permanence, placés sous un double regard**, ou plutôt sous deux regards agissant à différents niveaux : chacun observe l'autre et tous sont observés par Mario et M. Orgon, substituts du spectateur (ajoutons un troisième niveau : chacun s'observe soi-même et tente de comprendre ses propres réactions). Cet aspect de la pièce a permis au metteur en scène Sylvie Mongin-Algan, en 1996, d'affubler le père et le fils de longues vues, de lunettes et même de périscopes pour les rendre spectateurs permanents des rencontres entre les autres personnages.

À partir de l'acte II, scène 12, Silvia change de rôle : elle devient spectatrice dans la mesure où Dorante s'est dévoilé, spectatrice et manipulatrice puisqu'elle choisit, de son côté, se continuer à se faire passer pour une servante. Les blocs se redessinent, blocs dans lesquels Silvia rejoint le groupe formé par son père et son frère, à la nuance près qu'elle est impliquée, intéressée au premier chef par l'évolution des événements, ce qui n'est pas le cas de M. Orgon et de Mario. Enfin, en changeant de rôle Silvia entraîne son frère dans la comédie (à laquelle il avait déjà tenté de participer en se prétendant épris de Lisette dès l'apparition de Dorante à l'acte I). Il quitte son statut de spectateur pour devenir acteur à son tour puisqu'il est chargé de feindre d'aimer Silvia-Lisette, nouveau moyen imaginé par la jeune fille pour éprouver l'amour de Dorante. Quant à Silvia, elle adapte son rôle à la situation nouvelle en choisissant de dissimuler les sentiments qu'elle éprouve pour Dorante. Désormais, le jeu change d'orientation : il ne doit plus permettre à Silvia d'observer son fiancé, il doit servir à lui prouver que Dorante l'aime pour elle-même et non pour ce qu'elle pourrait représenter.

Toute l'ambiguïté du théâtre est soulignée dans *Le Jeu de l'amour et du hasard* grâce aux personnages de Silvia et de Dorante qui se masquent pour démasquer. Sur ce plan, Silvia est plus radicale que Dorante puisque, après avoir dénoncé l'artifice et le mensonge, elle choisit d'y recourir, jusqu'à l'excès si l'on pense qu'elle pourrait se démasquer à la fin de l'acte II mais préfère, non sans cruauté, mener le jeu plus loin encore. **En fait, le travestissement* n'est jamais anodin ; il ne s'agit pas d'un jeu mais d'une *mise en jeu* de la société tout entière et des préjugés sur lesquels elle repose.**

3. Maîtres et valets

Tout paraît simple et immuable dans la société française du début du XVIIIe siècle : la société est divisée en trois ordres quasi imperméables que complète et recouvre le plus souvent des différences de fortune considérables. Ainsi un noble épouse une noble, un bourgeois, une bourgeoise, un paysan, une paysanne et un valet, une servante. Cependant, dès la fin du règne de Louis XIV, l'argent a commencé à prendre le pas sur la naissance et le système imaginé par Law a permis à des roturiers de faire fortune, comme son effondrement a provoqué la ruine de certains nobles. Lorsque l'argent devient un critère de sélection, on peut commencer à parler de classes sociales et non plus d'ordres et, dès lors, les divisions sociales sont de moins en moins étanches. D'un certain point de vue, c'est aussi ce sujet que Marivaux met en scène dans *Le Jeu de l'amour et du hasard*, **comédie qui invite à réfléchir sur les préjugés et les possibilités de changer de catégorie sociale**.

En se travestissant*, maîtres et valets font une expérience inédite. D'un seul coup, ils se retrouvent dans une position à laquelle ils n'ont pas été préparés, et tous les quatre devront improviser leur rôle. C'est en fonction de ce que Silvia a compris de la condition de servante qu'elle construira son personnage ; c'est d'après ce que Lisette connaît du mode de vie de Silvia qu'elle jouera la maîtresse. Lorsque Silvia lui reproche de la traiter en servante, elle résume la fonction de chacun : « Il faut que je paraisse ou la maîtresse, ou la suivante ; que j'obéisse ou que j'ordonne. » (II, 7). Grâce au travestissement*, Marivaux met en évidence le mépris dont les domestiques sont généralement victimes. Devenue « maîtresse », Lisette ne peut s'empêcher d'éprouver un certain plaisir en mettant son nouveau pouvoir à l'épreuve, adressant des reproches à Silvia sur un ton plutôt sec : « Un peu d'attention à votre service, s'il vous plaît. » (I, 2). Contrefaisant le « maître », Arlequin agit de même avec Dorante ou Silvia, résumant l'opinion généralement admise en ce qui concerne « la valetaille » (II, 4) : « Ah, les sottes gens que nos gens ! » (II, 6). Il n'est pas jusqu'à M. Orgon ou Mario qui n'entreront dans le jeu en renvoyant Dorante sans le moindre ménagement (II, 10 et III, 3).

Arlequin se montre particulièrement violent sur ce point. On retrouve, dans ce personnage, certains des traits caractéristiques des valets revendicatifs mis en scène à la fin du XVIIe et au début du XVIIIe siècle. Il n'hésite pas à rabaisser Dorante, à lui rappeler qu'« un honnête homme ne prend pas garde à une chambrière » et à le prévenir : « Quand j'aurai épousé, nous vivrons but à but. » (III, 7). Il est pourtant exagéré de conclure, avec Gusine Gawdat Osman, qu'Arlequin « n'hésiterait pas à l'éventrer avec une pique ou lui fendre le crâne avec une brique[1] ». Il est difficile de trouver dans la pièce les éléments qui feraient d'Arlequin un successeur des valets de Lesage, par exemple, ou un précurseur de Figaro (du reste, on ne pourrait pas davantage appliquer la réflexion de Gusine Gawdat Osman aux valets de Lesage ou de Beaumarchais).

4. Les conditions sociales et les préjugés de classe

Les six personnages représentent **deux groupes sociaux nettement différenciés** : on trouve **quatre maîtres et deux valets**. Parce qu'ils choisissent d'échanger leur condition, ils échappent à la caricature ou, du moins, la portée critique de la pièce se trouve fortement nuancée. Arlequin est certes ridicule en maître, mais c'est justement parce qu'Arlequin n'est pas un maître et ne fait que jouer au maître. Dès lors, il met en évidence, par ses maladresses mêmes et ses écarts de langage, les défauts, les traits de caractère et de langage qui définissent, selon lui, la catégorie « maîtres » qu'il connaît bien pour la servir depuis longtemps, même s'il est tellement piètre comédien qu'on soupçonne le valet sous l'habit du maître. De même, Dorante et Silvia veulent agir et parler comme agissent et parlent les domestiques mais n'y parviennent pas : c'est Mario et M. Orgon, par exemple qui les obligent à se tutoyer dès la première rencontre (I, 7) et chacun s'étonne des manières de l'autre, manières qui correspondent si peu à ce qu'ils attendaient d'un domestique : **leur nature profonde est plus forte que leur volonté de paraître**.

Le jeu permet donc à chacun des personnages de constater qu'on n'échappe pas à sa condition. Au reste, comme dans *L'Île des esclaves*[2], les catégories se reformeront au dénouement lorsque le jeu sera abandonné : la maîtresse épousera le maître et la soubrette, le valet... Silvia elle-même s'en doute ; elle est certaine, bien qu'elle

---

1. Gusine Gawdat Osman, « Quand les gueux mènent le jeu ou Marivaux entre l'ordre et le désordre à travers une lecture plurielle du *Jeu de l'amour et du hasard* », *Marivaux et les Lumières*, actes du colloque d'Aix-en-Provence, juin 1992, Aix-en-Provence, Publications de l'université de Provence, 1996, t. II (*L'Homme de théâtre et son temps*), p. 37.
2. Voir Danielle Jaines et Gil Charbonnier, *L'Île des esclaves*, Paris, Ellipses, « Résonances », 1999.

doive passer pour une soubrette, que son attitude la mettra à l'abri des assiduités qu'elle pourrait craindre de la part d'un valet :

> Je ne crains pas ses soupirs, ils n'oseront m'aborder, il y aura quelque chose dans ma physionomie qui inspirera plus de respect que d'amour à ce faquin-là. (I, 5)

À l'acte III, Silvia déclare encore qu'elle désire « un combat entre l'amour et la raison », signifiant par là qu'elle veut voir triompher l'amour, ce qui amènerait Dorante à « chagrine[r] son père », à « trahir sa fortune et sa naissance » (scène 4), c'est-à-dire, à renier l'ordre social établi. En fait, Marivaux suggère que Silvia, quant à elle, n'aurait jamais osé transgresser les conventions. Lorsque Dorante lui a demandé « Si j'étais riche, d'une condition honnête et que je t'aimasse autant que je t'aime, ton cœur n'aurait point de répugnance pour moi ? », mettant au premier rang de ses arguments la richesse et la condition pour reléguer l'amour en dernière position, Silvia s'est empressée de répondre : « Assurément », mot qui a poussé Dorante à se démasquer. Dès lors, Silvia n'a plus à redouter la mésalliance et c'est en toute sécurité sur son avenir social, qu'elle peut mener le jeu jusqu'au bout.

Dorante cède. Plus sincère peut-être que Silvia, il accepte de déchoir, considérant qu'« il n'est ni rang, ni naissance, ni fortune » qui doive compter, et puisque « le mérite vaut bien la naissance » (III, 8), rien ne l'empêche d'épouser une jeune fille de condition modeste. Silvia, en revanche, se montre plus réticente. Elle admet que « la fortune a eu tort » avec lui (I, 7), mais ne peut se résoudre à devenir l'épouse d'un domestique. Le conditionnel est de rigueur, rendant la chose impossible, lorsqu'elle explique à Dorante : « Je t'aimerais, si je pouvais. » (II, 10 ; on notera également l'importance de la virgule qui entraîne une pause, comme un soupir, entre les deux propositions.) **Victime du préjugé, elle veut cependant que Dorante s'en affranchisse** ; elle veut qu'il fasse ce qu'elle ne peut se résoudre à faire elle-même. Sur ce plan, Silvia paraît infiniment moins sympathique qu'on a bien voulu le dire ; son attitude est pour le moins cruelle.

Dans la première scène de la pièce, Silvia s'opposait violemment au discours conformiste que tenait Lisette sur le mariage et sa nécessité en se fondant sur son expérience personnelle pour refuser d'épouser un inconnu : elle refusait de s'en remettre aux idées reçues et voulait juger sur pièces l'éventuel époux qu'on lui destinait. L'enjeu semblait clairement exprimé : il s'agissait d'asseoir son bonheur personnel, quitte pour cela à aller contre les règles établies. Malgré ce discours véhément, c'est une Silvia bien différente qui apparaît ensuite, **une Silvia qui se révèle finalement tout aussi asservie au préjugé que sa servante**, à la nuance près que pour elle, ce n'est pas tant le mariage en lui-même qui est en cause ; c'est plutôt la mésalliance qu'elle refuse obstinément.

5. Mariage d'amour et mariage de raison

Alors que, dans la noblesse et la bourgeoisie, les mariages se faisaient le plus souvent sans que les parents demandent leur avis à leurs enfants, ici, même si M. Orgon et le père de Dorante ont arrangé le mariage sans consulter Silvia et Dorante auparavant, ils tiennent à ce que leurs enfants soient heureux en ménage. Un premier décalage avec l'ordre prévu par la société apparaît : M. Orgon accorde à Silvia le droit de disposer d'elle-même, de son cœur, de ses sentiments, et ne peut se résoudre à la marier sans son accord. Le mariage de raison était, pourtant, une caractéristique des mariages qui se font entre « maîtres », du moins, c'est ce qu'Arlequin a retenu sur cette question puisque, déguisé en maître, il annonce, comme une vérité d'évidence :

> Je viens pour épouser, et [le père et la fille] m'attendent pour être mariés ; cela est convenu, il ne manque plus que la cérémonie, qui est une bagatelle. (I, 8)

Lisette apparaît également comme un porte-parole de la tradition établie dans la première scène. D'un point de vue stylistique, ses répliques, souvent plus brèves que celles de Silvia, traduisent un optimisme foncier (ce qui se confirmera par la suite lorsqu'elle acceptera, le cœur plus ou moins léger, d'épouser Arlequin sachant qu'il n'est qu'un domestique). D'emblée, Lisette est surprise par le discours de Silvia : elle ne comprend pas les raisons qui la font lui reprocher de n'avoir pas découragé M. Orgon de la marier (elle a considéré que la jeune femme penserait comme elle). Sa première réplique est introduite par une exclamation : « Quoi ! », témoignant bien de son incompréhension face à l'attitude de Silvia. Le conformisme de Lisette est régulièrement souligné par le recours à des formules toutes faites et la présentation de « on-dit » comme des vérités avérées. **Lisette, incarnation d'une sorte de bon sens populaire, n'imagine pas même la possibilité d'existence d'un mariage d'amour.** Ses remarques suscitent ainsi les explications de Silvia soucieuse de justifier sa position anticonformiste sur la question.

Contre les lieux communs énoncés par Lisette, elle oppose l'expérience et la réflexion inquiète. Elle a éprouvé la non-coïncidence entre la réalité des caractères et l'image qu'en donne l'individu lorsqu'il se trouve en société. Quand Lisette n'avançait pour arguments que des observations fondées sur l'apparence (l'aspect physique de Dorante, sa « bonne mine »), la vie sociale (il est « sociable », « aimable » et « spirituel »), en somme ce qui intéresse les pères et qui devrait contenter les filles, Silvia ne voyait là qu'un « portrait » fondé sur des « on-dit ». En fait, elle n'imagine pas même qu'un mariage puisse être heureux et voit déjà son sort dans celui de la femme de Tersandre : « Je la trouvai comme je serai peut-être », explique-t-elle (I, 1). Le choix du futur de l'indicatif et non pas du conditionnel (hypothétique irréalisable) trahit une vision obsessionnelle de la vie conjugale qui ne peut être que pavée de malheurs, et pour illustrer son argumentation, elle dresse le portrait de trois couples qu'elle connaît. Car c'est bien une série d'expériences personnelles qu'elle rapporte, comme l'indique l'apparition de constructions redondantes* dans le premier portrait (« n'en ai-*je* pas vu, *moi* ? », « *Je* l'ai répondu *moi-même.* »). C'est pour avoir fréquenté ces couples, et avoir vu la fausseté de ces maris que les épouses n'ont probablement pas choisi, que Silvia peut légitimement craindre le mariage. Un tel désenchantement, un tel anticonformisme expliquent le stratagème imaginé par Silvia : elle ne veut pas sacrifier son bonheur, son avenir ; c'est pour cela qu'elle décidera d'échanger son rôle avec Lisette.

Dans la mesure où Dorante agit de la même façon, bien que le mariage arrangé hypothèque moins le bonheur d'un homme que d'une femme, on peut classer ces quatre personnages en deux catégories : la première regrouperait les maîtres, soucieux de leur bonheur et favorisés en cela par leurs pères, la seconde les valets, conformistes presque par nature.

En fait, **Silvia veut épouser un homme raisonnable et non pas un homme aimable** et c'est paradoxalement un homme aimable qu'elle découvrira sous le jeu des masques, l'amour s'étant invité à son insu pour déjouer tous les calculs : le jeu a prouvé aux deux jeunes gens qu'on peut aimer celui ou celle qu'on n'aurait pas même regardé en temps normal ; **l'amour se joue de la raison**. Il apparaît même avec une soudaineté troublante : dès la première rencontre, Silvia est séduite et ce n'est que faiblement qu'elle tente de faire croire que les galanteries que lui débite Dorante ne sont pas de saison. M. Orgon et Mario ne s'y trompent pas, ce sont eux qui lui révèlent qu'elle aime un valet, suscitant ainsi la colère de Silvia, piquée au vif et forcée de s'avouer que sa raison est en passe d'être vaincue (II, 11). Au reste, pour tous, elle le sera.

ANNEXE

Extrait de l'« Avertissement » publié en tête des *Serments indiscrets* (1732)

> Ce n'est pas moi que j'ai voulu copier, c'est la nature, c'est le ton de la conversation en général que j'ai tâché de prendre : ce ton-là a plu extrêmement et plaît encore dans les autres pièces, comme singulier, je crois ; mais mon dessein était qu'il plût comme naturel, et c'est peut-être parce qu'il l'est effectivement qu'on le croit singulier, et que, regardé comme tel, on me reproche d'en user toujours.
>
> On est accoutumé au style des auteurs, car ils en ont un qui leur est particulier : on n'écrit presque jamais comme on parle ; la composition donne un autre tour à l'esprit ; c'est partout un goût d'idées pensées et réfléchies dont on ne sent point l'uniformité, parce qu'on l'a reçu et qu'on y est fait : mais si par hasard vous quittez ce style, et que vous portiez le langage des hommes dans un ouvrage, et surtout dans une comédie, il est sûr que vous serez d'abord remarqué ; et si vous plaisez, vous plaisez beaucoup, d'autant

plus que vous paraissez nouveau : mais revenez-y souvent, ce langage des hommes ne vous réussira plus, car on ne l'a pas remarqué comme tel, mais simplement comme le vôtre, et on croira que vous vous répétez.

Je ne dis pas que ceci me soit arrivé : il est vrai que j'ai tâché de saisir le langage des conversations, et la tournure des idées familières et variées qui y viennent, mais je ne me flatte pas d'y être parvenu ; j'ajouterai seulement, là-dessus, qu'entre gens d'esprit les conversations dans le monde sont plus vives qu'on ne pense, et que tout ce qu'un auteur pourrait faire pour les imiter n'approchera jamais du feu et de la naïveté fine et subite qu'ils y mettent.

L'ŒUVRE À L'EXAMEN

I. L'ÉCRIT

Sujet : Le critique et auteur dramatique Charles Palissot écrit, en 1803, à propos des comédies de Marivaux : « Aucun auteur n'a peint avec plus de vérité l'amour-propre des femmes. Cette passion prédomine en elles sur l'amour même. »
En vous appuyant sur la lecture du *Jeu de l'amour et du hasard*, vous examinerez ce jugement.

1. Analyse du sujet

Ce sujet ne présente aucune difficulté majeure. Il soumet à l'analyse deux notions présentées comme antagonistes : amour-propre et amour. Le premier, sentiment égoïste, l'emporterait sur le second, sentiment altruiste, chez les héroïnes de Marivaux qui seraient des représentantes convaincantes des femmes en général.

2. Devoir proposé

INTRODUCTION

Le théâtre de Marivaux, dit-on souvent, est un théâtre léger, spirituel, charmant mais il est, dit-on aussi souvent, inquiétant, pervers, cruel. C'est bien évidemment aux Léonide du *Triomphe de l'amour*, Silvia de *La Fausse Suivante*, Hortense du *Petit-Maître corrigé*, mais encore et surtout à la Silvia du *Jeu de l'amour et du hasard* que pense Palissot quand il écrit, en 1803, à propos de Marivaux : « Aucun auteur n'a peint avec plus de vérité l'amour-propre des femmes. Cette passion prédomine en elles sur l'amour même. » Il est bien évident que Palissot, auteur et critique dramatique, prétend dans cette remarque fonder une vérité morale d'après le modèle particulier des héroïnes de Marivaux.

Il est vrai que Marivaux met en scène et notamment dans *Le Jeu de l'amour et du hasard*, le combat entre l'amour-propre et l'amour ; mais il est juste de se demander si ce combat se fait au mépris de l'amour et si Silvia n'a d'autres raisons en cela que le plaisir de sa propre victoire sur Dorante, le réduisant en même temps au statut de victime immolée au nom de sa cruelle vanité.

DÉVELOPPEMENT

I. L'AMOUR-PROPRE

a) On peut d'abord considérer que la première manifestation d'amour-propre de Silvia réside dans l'angoisse qu'elle ressent à l'idée de se perdre elle-même dans le mariage : « Songe à ce que c'est qu'un mari », dit-elle à Lisette qu'elle entretient à ce sujet dans la première scène de l'acte I.

À Lisette qui lui vante les qualités de son futur époux, Silvia rétorque que les maris se révèlent, dans leur vie privée, différents en tous points de ce qu'ils peuvent laisser paraître en public. Leurs épouses sont, en fait, des victimes, une surtout, la femme de Tersandre, dont « les yeux bouffis » lui font pitié. Mais ce qui importe à Silvia, en l'occurrence, c'est qu'elle pourrait devenir la sœur de misère de cette pauvre femme dans un futur proche. Elle voit en elle son « portrait à venir » et elle ajoute : « Je vais du moins risquer d'en être une copie. Elle me fit pitié, Lisette, si j'allais te faire pitié aussi. » Ce que redoute Silvia, ce qu'elle ne peut accepter, c'est cette transformation opérée par l'action insupportable d'un homme contre qui les lois ne peuvent rien. C'est cette mort à elle-même qu'elle refuse et, en cela, en effet, on peut affirmer qu'elle fait preuve d'amour-propre.

b) La situation a changé à l'acte II : Silvia amoureuse de Dorante, qui est encore à ses yeux Bourguignon, le valet, le repousse cependant, malgré qu'elle en ait. On peut ici souligner des positions contradictoires dans son attitude. Ainsi, à l'acte I, comme nous venons de le voir, elle s'insurge contre la loi commune à propos du mariage et contre les préjugés sociaux en vigueur, relayés par le bon sens commun de Lisette (la tournure tautologique de la soubrette, « un mari, c'est un mari », nous le représente le mieux), mais elle-même n'est pas prête à renier sa position sociale : elle est victime, elle aussi, des préjugés dont elle voudra cependant que Dorante s'affranchisse. Dans la scène 9 de l'acte II, quand Dorante-Bourguignon se jette à ses genoux, elle souffre vraiment de ne pouvoir répondre à cet amour et elle est obligée de lui avouer, pour qu'il se relève : « Je t'aimerais, si je pouvais » (sous-entendu « mais je ne le peux pas car tu es un valet »). Son amour pour Dorante ne va donc pas jusqu'à lui faire accepter le reniement de sa condition sociale : l'amour-propre l'emporte sur l'amour.

c) Si, jusque-là, on peut comprendre Silvia et ce qu'il faut appeler son amour-propre, il est plus malaisé de la justifier dans l'action qu'elle entreprend à l'acte III. Dorante a mis bas son masque de Bourguignon à la fin de l'acte II. Pourquoi ne lui révèle-t-elle pas qu'elle n'est pas la suivante Lisette mais Silvia, la fille de M. Orgon ? Quel sentiment la pousse à vouloir que Dorante aille jusqu'à lui demander sa main sous son habit de soubrette ? L'amour-propre, sans aucun doute, cette « passion qui prédomine » chez les femmes « sur l'amour même », comme l'affirme Palissot. En effet, on peut penser qu'il ne s'agit plus pour elle que de se valoriser à ses propres yeux, que seul un sentiment égoïste la conduit à mener ce combat contre Dorante dont elle se joue avec cruauté. Le fameux « enfin, j'en suis venue à bout », prononcé à la fin de la scène 8 de l'acte III, semble bien relever de ce que d'aucuns ont appelé la coquetterie de Silvia.

Nombreux d'ailleurs, sont ceux qui ont critiqué Marivaux pour cet acte III, non seulement parce qu'il n'apportait rien, selon eux, à l'action, mais encore parce qu'il mettait en scène inutilement le jeu cruel du personnage qui, dès lors, devenait moins clairement compréhensible. Pourtant, ne pourrait-on voir, dans ce jeu que Silvia mène pendant l'acte III, une justification qui viendrait précisément de l'idée que le personnage se fait de l'amour ?

II. L'AMOUR

a) Nous avons vu combien les craintes de Silvia à propos du mariage pouvaient être fondées. Le spectacle des épouses malheureuses qu'il lui a été donné de contempler n'est pas des plus réjouissants. On sent effectivement une réelle inquiétude à la fin de la première scène de l'acte I : « Songe à ce que c'est qu'un mari », dit-elle à Lisette. C'est bien cette inquiétude, cette peur, qui la pousse à se travestir* afin de pouvoir percer à jour la véritable nature de celui qui lui est promis. C'est aussi cette peur qui s'exprime à la fin de l'acte III, quand elle est presque « venue à bout » de Dorante : « Vous m'aimez ; mais votre amour n'est pas une chose bien sérieuse pour vous. Que de ressources n'avez-vous pas pour vous en défaire ! [...] Les amusements d'un homme de votre condition, tout va vous ôter cet amour dont vous m'entretenez impitoyablement. » (III, 8).

À ce moment de l'action, alors qu'elle est sûre de sa victoire sur Dorante, pourquoi douter de la sincérité de Silvia ? Au contraire, la résurgence du thème abordé au tout début et à la fin de la pièce montre la cohérence du personnage.

b) Ce jeu cruel, certes, a pour but de se faire aimer pour soi-même et non pour ce qu'on représente ; il participe de la quête d'un bonheur individuel, revendication de plus en plus fréquente au cours du XVIIIe siècle. Silvia veut faire un mariage d'amour et non un mariage de raison. Voilà pourquoi, à ses yeux, faire perdre la raison à Dorante est ce qui a le plus de valeur : « Ce qui lui en coûte à se déterminer ne me le rend que plus estimable », explique-t-elle, ou encore : « Je veux un combat entre l'amour et la raison », et que la raison succombe. Ce qui, pour M. Orgon et Mario passe pour une « insatiable vanité d'amour-propre » est, pour Silvia, une véritable preuve d'amour.

c) En fait, Silvia nourrit une haute idée de l'amour. Si elle va jusqu'au bout de ce jeu, aussi cruel qu'il puisse paraître, c'est parce qu'elle est persuadée qu'il est le gage d'un éternel amour. La conversation qui a lieu dans la scène 4 de l'acte III, entre elle et son père, nous le confirme autant qu'il est possible : « Dorante et moi, nous sommes destinés l'un à l'autre. Il doit m'épouser ; si vous saviez combien je lui tiendrai compte de ce qu'il fait aujourd'hui pour moi, combien mon cœur gardera le souvenir de l'excès de tendresse qu'il me montre ! si vous saviez combien tout ceci va rendre notre union aimable ! » Il s'agit bien, pour Silvia, de construire un amour hors du commun, dépassant toutes les considérations d'ordre social, et non pas de se faire gloire d'une victoire au détriment de l'être aimé.

CONCLUSION

Rien ne serait plus injuste que de faire du personnage de Silvia un monstre d'amour-propre que Palissot a peut-être confondu avec la vaine coquetterie. Marivaux n'a pas eu, nous semble-t-il, l'intention de porter un jugement défavorable sur les femmes à travers ses personnages. La quête de Silvia, même si elle emprunte les chemins que l'on pourrait qualifier de « féminins » est, au contraire, hautement justifiable et estimable puisque son but ultime est d'obtenir un idéal d'amour.

II. L'ORAL

1. Les instructions officielles

C'est à l'examinateur qu'il appartient de choisir le texte qui fera l'objet de l'épreuve. Son choix se fera parmi ceux qui seront indiqués dans la liste présentée par le candidat. Ce texte doit compter une quinzaine de vers ou de lignes conformément à la réglementation de l'épreuve. Si le texte choisi n'a pas donné lieu à une étude détaillée en classe, l'examinateur devrait en tenir compte dans ses exigences comme dans ses critères d'évaluation.

Le candidat dispose de vingt minutes effectives pour préparer l'épreuve qui, elle même, dure une vingtaine de minutes. Elle se divise en deux parties d'égale importance et qui doivent donc avoir la même durée : l'étude du texte lui-même et un entretien avec l'examinateur.

2. Première partie : lecture méthodique d'un court passage (10 min)

Après avoir situé brièvement le passage choisi, le candidat le lit à haute voix dans sa totalité. (*Nota*. Il sera tenu compte de la qualité de la lecture dans l'appréciation finale.) En suivant les notes qu'il a prises pendant son temps de préparation, il propose un choix de remarques fondées sur des indices textuels précis, jugés les plus caractéristiques et les plus intéressants, aboutissant à une conclusion. Pour cela, il est libre de suivre l'ordre du texte ou de s'en écarter. Outre la qualité de l'analyse, l'examinateur jugera de la facilité d'expression du candidat.

Une lecture méthodique doit laisser le moins de place possible aux interprétations subjectives ; elle doit être fondée sur une étude précise et détaillée du texte lui-même et des procédés d'écriture. D'autre part, il faut garder à l'esprit une particularité de l'écriture dramatique, particulièrement importante pour *Le Jeu de l'amour et du hasard* : la double énonciation.

Tout d'abord, un personnage en scène s'adresse à un autre personnage (dialogue) ou à lui-même (monologue). Il convient ici, ce qui permet d'éviter une analyse trop psychologique, de tenir compte de tous les personnages présents en scène, y compris ceux qui restent muets, ainsi que de l'environnement scénique (lieu de l'action, décor), du moment de l'action.

En même temps qu'il s'adresse à un interlocuteur (ou à plusieurs), son message est entendu par les spectateurs ; de même, le décor par exemple est destiné au public qui en jouit tout comme il permet certains jeux de scènes qui concernent les personnages et permettent de faire rebondir l'action. L'auteur doit tenir le plus grand compte du fait que sa pièce est destinée à être jouée, ce qui, par exemple, suppose le recours à certains procédés d'écriture spécifiques et donne un relief particulier aux didascalies*. Le candidat devra donc tenter de « visualiser » la scène, et garder à l'esprit l'idée que la pièce s'adresse à un public (extérieur à l'action proprement dite mais qui réagit) lorsqu'elle est jouée.

Lecture méthodique n° 1 (étude thématique)
Acte I, scène 1 (6 dernières répliques)

a. Situation du passage

Il s'agit de la seconde partie de la première scène de la pièce. Silvia cherche à exposer les raisons pour lesquelles le mariage suscite chez elle l'inquiétude. On doit comprendre qu'elle réagit aux propos conformistes de sa servante, Lisette, concernant l'institution du mariage et sa nécessité. En effet, dans la première partie de cette scène d'exposition, Lisette a fait un portrait flatteur du futur mari de Silvia, insistant sur son « bel air » et « sa physionomie ». Le passage étudié se situe après une réplique de Silvia, importante pour comprendre la construction de son argumentation : « De beauté et de bonne mine, je l'en dispense ; ce sont là des arguments superflus. » Ainsi, Silvia opposera à la « bonne mine » (extériorité), un « bon caractère » (intériorité), le second l'emportant sur la première.

b. Lecture à haute voix

c. Annonce du plan de l'étude

Dans cette partie de la scène, Lisette n'est créditée que de trois interventions. Il conviendra donc de se demander quelle est la fonction de ces trois courtes interventions qui coupent les répliques de Silvia, laquelle développe une argumentation sur les préventions qu'elle a contre le mariage dont elle brosse un tableau effrayant.

I. LES INTERVENTIONS DE LISETTE

Il serait excessif de considérer que ces interventions n'ont d'autre fonction que de couper un développement qui risquerait d'être trop long ou ennuyeux. Il est vrai que la première de ces répliques (« Quel fantasque avec ses deux visages »), comme la seconde (« Je gèle au récit que vous m'en faites ») ponctuent de manière humoristique le discours sérieux de Silvia. En cela, elles correspondent au registre de la soubrette dans les comédies traditionnelles, en reprenant comiquement les termes mêmes utilisés par Silvia (la deuxième réplique file la métaphore). Mais la dernière réplique de Lisette, qui termine la scène (« Un mari ? c'est un mari... ») prouvent que l'argumentation de Silvia n'a pas été comprise et qu'elle a finalement échoué.

Cela nous amène à nous demander si l'intention de Silvia était précisément de convaincre Lisette ou s'il ne s'agissait pas plutôt d'exposer pour elle-même ses craintes contre le mariage.

II. ARGUMENTATION : LES PRÉVENTIONS CONTRE LE MARIAGE

Dans la dernière partie de la scène qui nous intéresse, Silvia expose ses craintes à propos du mariage. Elle s'oppose en cela à Lisette dont l'optimisme l'irrite, la froisse même. On le voit au ton autoritaire de la première réplique, qui est certes celle d'une maîtresse à sa suivante, mais qui montre surtout qu'elle a réfléchi à cette question qui la préoccupe, elle, au premier chef, bien plus que Lisette. On pourra dès lors comprendre le poids de son implication personnelle dans son argumentation.

Le mariage l'effraie, parce que le futur dont on loue (et Lisette en particulier à qui elle répond) « le bon caractère », peut se révéler autre dans la vie privée : « Qui est-ce qui a vécu avec lui », demande Silvia ? Elle fera donc apparaître les différences qui existent entre l'apparence trompeuse de certains maris quand ils sont en public et la réalité (effrayante) de leur véritable caractère en privé.

a. L'autorité de Silvia

Nous venons de dire que Silvia avait l'autorité que pouvait lui permettre sa réflexion. Des formulations généralisantes, qui peuvent même prendre l'allure de maximes, jalonnent la première partie de son intervention : « Dans le mariage, on a plus souvent affaire à l'homme raisonnable qu'à l'aimable homme » ou bien : « Les hommes ne se contrefont-ils pas ? » (noter l'utilisation de l'article défini à valeur généralisante), et encore un peu plus loin : « N'en ai-je pas vu ? » (pronom indéfini « en »), « c'est la douceur [...], il n'y a pas jusqu'à **leur** physionomie qui ne soit garante [...] », enfin dans le portrait de Tersandre : « Voilà ce que c'est que les hommes. »

Cette loi qu'elle a établie à propos des hommes mariés est le résultat d'une expérience personnelle.

b. Une expérience personnelle

On verra en effet, dans le début de son exposé, s'opposer constamment le pronom personnel de première personne « je » ou sa forme tonique « moi », « moi-même », avec le pronom indéfini « on », renvoyant au sentiment général, irréfléchi et superficiel, celui des autres, voire celui de son père ou de Lisette (le « on » qui apparaît dans « on loue beaucoup le sien » semble bien désigner Lisette qui vient de lui tracer un portrait favorable de Dorante).

Enfin pour illustrer son argumentation, Silvia brosse trois portraits de maris dont deux qu'elle a pu observer elle-même : « Je l'ai répondu moi-même », avoue-t-elle à propos d'Ergaste ; « J'arrive, on m'annonce, je vois un homme qui vient à moi [...], je la trouvai... » (portrait de Tersandre).

Les préventions de Silvia contre le mariage, et plus particulièrement contre les maris, proviennent donc du fait qu'elle a constaté chez eux une opposition constante entre l'apparence qu'ils offrent dans la vie mondaine et la réalité monstrueuse, à ses yeux, de leur comportement dans la vie privée.

c. Oppositions apparence / réalité, vie publique / vie privée

Une opposition fondamentale ouvre l'exposé de Silvia : « On a plus souvent affaire à l'homme raisonnable qu'à l'aimable homme. » Cette opposition est d'autant plus forte qu'elle est soulignée par le chiasme qui dispose l'un à côté de l'autre les deux termes « raisonnable / aimable », ce qui permet de mettre en évidence les deux faces contrastées des maris, l'une « aimable » mais fausse et artificieuse, celle qu'ils adoptent « avec leurs amis », l'autre « effrayante » mais ô combien vraie qu'ils ont en réalité avec leur maisonnée et surtout avec leur femme.

Ainsi, Silvia utilise tous les moyens possibles pour souligner le mensonge (voir le champ lexical du mensonge : « contrefont », « a l'air », « paraissent », « ne vous ment pas », « masque » qui s'oppose aux termes de « garante » et « fiez-vous-y »).

On notera également la récurrence du terme « physionomie » associé à des expressions ou des adjectifs valorisants qui accentuent encore la duplicité maritale : « toutes les bonnes qualités qu'on leur trouve », « si douce, si prévenante », « si aimable ».

On peut relever encore une autre série d'oppositions dans les trois portraits qui lui servent à illustrer sa thèse.

Portrait d'Ergaste

Des expressions comme « galant homme », « homme bien raisonnable », « physionomie si douce, si prévenante », contrastent avec « visage sombre, brutal, farouche », « effroi de toute une maison ».

Portrait de Léandre

L'adjectif « content » contraste, lui, avec les expressions « qui ne dit mot », « âme glacée, solitaire, inaccessible » et le second groupe ternaire : « langueur, froid, ennui ».

Portrait de Tersandre

(On remarquera le jeu sur le nom de Tersandre, formé de syllabes homophones des deux noms précédents et qui en est comme la synthèse.)

L'exclamation qui clôt la réplique de Silvia (« le fourbe ! ») est une conclusion synthétique qui annule violemment les expressions : « bras ouverts », « air serein, dégagé ».

Ces oppositions sont donc destinées à faire apparaître ce qui est d'habitude caché aux yeux du monde mais que Silvia, elle, a d'autant mieux observé qu'elle sera peut-être mariée à un homme qui ressemble à l'un de ces fourbes. Du reste, elle est d'autant plus prévenue contre Dorante, qu'il présente, comme Ergaste, Léandre et Tersandre « une physionomie » avantageuse.

III. LA PEUR DE SILVIA

Dans toute cette scène, Silvia manifeste une véritable peur du mariage. Des termes comme « effroi » et des expressions comme « âme glacée », ou « fait expirer de langueur, de froid », suffisent à le prouver. Mais d'autres indices peuvent aussi nous le confirmer.

a. Quelques questions confèrent à l'argumentation de Silvia une tonalité inquiète

Les deux premières (« Mais qui est-ce qui a vécu avec lui ? » et « Les hommes ne se contrefont-ils pas, surtout quand ils ont de l'esprit ? ») concernent directement Dorante, son futur mari.

Les suivantes (« N'en ai-je pas vu, moi, qui paraissaient, avec leurs amis les meilleurs gens du monde ? », « N'est ce pas là un mari bien amusant ? » — c'est bien évidemment une formulation ironique — et « Qui est-ce qui croit que sa femme est à plaindre avec lui ? »), ne sont que de fausses questions, nullement adressées à Lisette ; elles sont en revanche le signe évident de ses inquiétudes, de ses craintes voire de son indignation.

b. Les femmes mariées

Tout d'abord, dans chacun des portraits que donne Silvia, la femme est présentée comme une victime. Ergaste est « l'effroi de toute une maison » ; « sa femme ne lui connaît que ce visage sombre, brutal, farouche ». La femme de Léandre doit vivre avec un mari qui est « une âme glacée, solitaire, inaccessible ». Tersandre enfin, et c'est le pire, martyrise sa pauvre femme au point que Silvia la trouve « toute abattue, le teint plombé avec des yeux qui venaient de pleurer ».

La vie conjugale ainsi décrite donne corps à la peur de Silvia qui s'identifie à cette dernière : « Je la trouvai comme je serai peut-être, voilà mon portrait à venir. » L'emploi du futur (« je serai »), certes atténué par le « peut-être », et la phrase qui clôt le passage (« Songe à ce que c'est qu'un mari ») traduisent les angoisses de Silvia et sa peur diffuse du mariage.

CONCLUSION

Dans cet extrait de la première scène du *Jeu de l'amour et du hasard,* Silvia expose de manière argumentée ses préventions contre le mariage, face à une Lisette qui est le porte-parole de l'opinion commune. On voit ici se mettre en place un des éléments de l'intrigue puisque c'est cette appréhension du mariage qui déterminera Silvia à se travestir pour observer Dorante à loisir.

Lecture méthodique n° 2 (étude thématique)
Acte II, scène 9 (15 premières répliques)

a. Situation du passage

C'est dans la scène 9 de l'acte II que se produit le second entretien entre Silvia-Lisette et Dorante-Bourguignon. À ce moment de l'action, la surprise de l'amour passée, les deux personnages ont pris conscience de la force de leurs sentiments mais aussi de l'impossibilité pour eux de réaliser leurs désirs par un mariage qui serait une mésalliance. Dans cette scène, une réplique de Dorante explicite ce dilemme : « Pour moi, il faut que je parte ou que la tête me tourne. »

Les deux scènes précédentes (scènes 7 et 8) ont présenté Silvia partagée entre l'attirance qu'elle éprouve pour Dorante et les considérations d'ordre social qui lui interdisent de s'abandonner à ce penchant. (Cette différence de traitement dramaturgique, opéré par Marivaux, prépare en cela le troisième acte centré sur **l'action** de Silvia.)

C'est dans cet état d'esprit que le spectateur retrouve Silvia au début de cette scène.

b. Lecture à haute voix

c. Annonce du plan de l'étude

Dans cette scène, on voit Silvia tenter de faire taire ses sentiments en essayant de parler le langage de la raison tandis que Dorante, lui, amorce l'entretien sur le registre sentimental, reléguant au second plan les problèmes posés par la différence de statut social. On pourra donc étudier en quoi Dorante, dans un véritable dialogue avec son interlocutrice, exprime ses sentiments avec sincérité, à la différence de Silvia dont les propos plus ambigus laissent transparaître les contradictions dont elle est la proie.

I. LA SINCÉRITÉ DE DORANTE

Il y a, chez Dorante, coïncidence entre son désir et l'expression de ce désir. Il ne cherche pas à cacher, ni à lui-même ni à Silvia, ses sentiments qu'il exprimera d'ailleurs clairement à plusieurs reprises au cours de la scène, mais il voudrait amener Silvia à parler des siens.

Ainsi, l'étude de l'énonciation montre bien qu'il est à la recherche d'un véritable dialogue avec elle, à la différence de Silvia, plus centrée sur elle-même. Il suffit de relever dans chacune de ses répliques les occurrences du pronom personnel de la deuxième personne : « te parler », « comme tu voudras », « ni toi non plus, tu me dis, je t'en prie », « crois-moi », « j'achève ta pensée », « je ne te perds point de vue », « tu m'ôtes ». On peut souligner également l'emploi du pronom personnel de première personne du pluriel « nous » qui les réunit, sinon dans les faits, au moins symboliquement : « parlons comme nous pourrons », « nous gêner », « nous voir ».

De même, alors que Silvia essaye de détourner l'entretien sur le départ de son maître, Dorante la ramène sur son propre départ qui en serait la conséquence immédiate, recentrant ainsi la discussion sur leur propre relation.

La sincérité de Dorante est évidente dès le début de la scène. C'est sans détour qu'il laisse parler son cœur dans l'aveu du besoin qui est le sien de s'expliquer avec l'être aimé (« Je suis forcé de te parler ») mais aussi dans la plainte (« Je crois que j'ai à me plaindre de toi »). Plus loin, l'expression de sa souffrance attendrira même Silvia : « Mon malheur est inconcevable, tu m'ôtes peut-être tout le repos de ma vie. »

II. SILVIA : UN DISCOURS CONTRADICTOIRE

Le cas de Silvia est bien différent. Elle est, en effet, le siège de contradictions insupportables : d'une part, elle ne peut accepter d'être attirée par un domestique sans se déclasser ; d'autre part, elle ne peut faire taire ses sentiments naissants et repousser radicalement Dorante. Son discours révèle donc ces contradictions.

a. La raison de classe

Le terme de « raison » est employé dans la première réplique un peu plus longue que les précédentes : « Voilà mes dispositions, ma raison ne m'en permet point d'autres, et je devrais me dispenser de te le dire. » Silvia tente, en effet, de faire parler « sa raison » ; c'est elle qui explique et justifie une attitude qu'elle veut distante. Sa « raison » lui dicte de ne pas se comporter en égale avec celui qu'elle nomme, à dessein, « Bourguignon » à plusieurs reprises (« Bourguignon, ne nous tutoyons plus, je t'en prie », « Tiens, Bourguignon, une bonne fois pour toutes... » ou « Ainsi, finissons, Bourguignon »). L'usage répété de ce prénom aux accents populaires doit rappeler non seulement l'incongruité d'une telle relation mais aussi la distance qui existe, infranchissable, d'elle à lui. Du reste, le refus du tutoiement va dans le même sens, tout comme l'allusion au maître du pseudo-Bourguignon : « Est-ce que ton maître s'en va ? »

C'est toujours au nom de la raison que les propos de Silvia se veulent une mise au point définitive : « Tiens, Bourguignon, une bonne fois pour toutes, demeure, va-t-en, reviens, tout cela doit m'être indifférent », explique-t-elle. L'emploi d'impératifs (« tiens », « demeures, va-t-en, reviens ») qui traduisent fermement une volonté affichée d'indifférence à l'égard de Bourguignon-Dorante, ainsi que la réitération de la négation dans la phrase « Je ne te hais, ni ne t'aime, ni ne t'aimerai », sont destinés à décourager Dorante dans son entreprise. Enfin, la préposition « voilà » dans l'expression « voilà mes dispositions », qui commence la phrase conclusive de la première longue réplique de Silvia, est supposée mettre un terme à l'entretien.

Au bout du compte, Silvia oublie qu'elle est supposée être Lisette et parle tout à fait en femme (maîtresse), consciente des devoirs que lui impose sa condition sociale : « Tu me parles, je te réponds ; [...] si tu étais instruit, en vérité, tu serais content de moi. » La justification morale qui s'ensuit (si je te parle, c'est par pure générosité), montre à quel point Silvia est gênée par le masque de Lisette dont elle n'assume plus du tout le rôle.

En fait, cette gêne peut expliquer que le dialogue prenne çà et là les accents d'un monologue, et motive donc l'apparition du pronom personnel ou de l'adjectif possessif : « Tout cela doit m'être indifférent, et me l'est en effet », « Voilà mes dispositions, ma raison ne m'en permet point d'autres », « Je ne me la [ma bonté] reproche pourtant pas ; le fond de mon cœur me rassure », « Je ne suis pas faite pour me rassurer toujours sur l'innocence de mes intentions ». À qui Silvia s'adresse-t-elle ici, sinon à elle-même ? Qui essaie-t-elle de convaincre de « l'innocen[c]e de ses intentions » sinon elle-même ?

En fait, la longueur des deux répliques de Silvia suffirait à signaler non seulement l'inconfort de la situation de Silvia en Lisette mais encore et surtout les accents de l'amour qui ne peut pas s'empêcher de s'exprimer.

b. Les accents de l'amour

En fait, Silvia éprouve les plus grandes difficultés à rester maîtresse d'elle-même comme elle voudrait le faire croire. Ainsi, malgré ses dénégations et ses justifications, elle ne parvient pas à masquer ses véritables sentiments et tout son discours trahit l'intérêt et la tendresse qu'elle éprouve pour Dorante, trait qui apparaît au grand jour dans l'aparté « Il me fait de la peine ».

Tout d'abord, son refus du tutoiement est immédiatement nié par le fait qu'elle l'utilise elle-même, par le « je t'en prie » qui le suit, ce que Dorante ne manque pas de relever. Ce qu'elle tente de faire passer pour de la distraction dément, en fait, ce qu'elle prétend faire accroire.

Mais mieux encore, quand Silvia veut manifester définitivement l'indifférence et l'absence d'amour, un élément de son discours vient annuler l'effet qu'elle voulait produire. Ainsi, dans sa réplique : « Tout cela doit m'être indifférent », le verbe « devoir » souligne justement le fait qu'elle ne parvient pas à éprouver cette indifférence souhaitée ; la proposition coordonnée « et me l'est en effet » arrive trop tard pour corriger la précédente. De même, la proposition concessive « à moins que l'esprit ne me tourne » aboutit à restreindre la dénégation précédente : « Je ne te veux ni bien, ni mal, je ne te hais, ni ne t'aime, ni ne t'aimerai. »

Enfin, on peut relever certaines ambiguïtés dans le discours de Silvia. En effet, lorsqu'elle répond à un Dorante dépité, qui déplore qu'elle se félicite du départ de son maître (donc du sien), elle affirme « mais je ne songe pas à toi ». Cette réplique peut être interprétée non pas comme un « je ne me préoccupe pas de toi » mais plutôt comme un « je ne songe pas à ton départ ». Ces ambiguïtés seront comprises par le spectateur plus au fait que Dorante de ce qui se passe dans le cœur de Silvia.

CONCLUSION

Dans cet extrait qui est le début de la scène, Silvia, malgré ses résolutions de rompre toute relation avec celui qu'elle croit être un domestique, se retrouve face à un Dorante désarmant de sincérité. Tous deux souffrent de la situation ; l'un l'avoue, l'autre le laisse transparaître à son corps défendant.

ANNEXE

JUGEMENTS

1. Jugements sur la pièce

Le Mercure de France (1730)

Le 23 [janvier], les Comédiens-Italiens donnèrent la première représentation d'une pièce nouvelle en prose et en trois actes, de M. de Marivaux, intitulée *Le Jeu de l'amour et du hasard*, laquelle a été reçue très favorablement du public. [...] Elle a un très grand succès.

Le Mercure de France (1730)

Nous ne nous étendrons pas beaucoup sur ce dernier acte. Il ne s'agit que de satisfaire la petite vanité de Silvia, qui veut que Dorante se détermine à l'épouser, malgré la prétendue inégalité de conditions. Nous n'appuierons pas beaucoup sur la jalousie que Dorante prend au sujet de Mario ; la pièce n'en a pas besoin pour aller son train. [...]

Voici les remarques qu'on a faites sur cette comédie ; nous ne sommes ici que les échos du public. On dit :

1° qu'il n'est pas vraisemblable que Silvia puisse se persuader qu'un butor tel qu'Arlequin soit ce même Dorante dont on lui a fait une peinture si avantageuse. [...] La seule vue du faux Dorante ne doit-elle pas faire soupçonner du mystère, surtout à Silvia, qui se trouve dans le cas d'un travestissement*, dont elle peut facilement soupçonner son prétendu ?

2° Arlequin, a-t-on dit, ne soutient pas son caractère partout ; des choses très jolies succèdent à des grossièretés. En effet, peut-on s'imaginer que celui qui a dit si maussadement à son prétendu beau-père : *Au surplus, tous mes pardons sont à votre service,* dise si joliment à la fausse Silvia : *Je voudrais bien pouvoir baiser ces petits mots-là, et les cueillir sur votre bouche avec la mienne* ?

3° On aurait voulu que le second acte eût été le troisième, et l'on croit que cela n'aurait pas été difficile ; la raison qui empêche Silvia de se découvrir après avoir appris que Bourguignon est Dorante, n'étant qu'une petite vanité, ne saurait excuser son silence ; d'ailleurs, Dorante et Silvia étant les objets principaux de la pièce, c'était par leur reconnaissance qu'elle devait finir et non par celle d'Arlequin et de Lisette, qui ne sont que les singes, l'un de son maître, l'autre de sa maîtresse. Au reste, tout le monde convient que la pièce est bien écrite et pleine d'esprit, de sentiment et de délicatesse.

***Lettres sérieuses et badines* (1732)**

Il y a dans la pièce des scènes impayables pour l'esprit et le jeu. Telles sont la première, la sixième et la septième du premier acte ; la septième, la neuvième, l'onzième et la douzième du second ; et les seconde, sixième et huitième du dernier.

Marquis d'Argenson, *Notices* (1733-1740)

On reconnaît bien le style de cet auteur, des sentiments approfondis, un style un peu précieux mais expressif. [...] Ce sujet ne va à trois actes qu'en traînant. Le comique est ici plat et du mauvais ton. Silvia [la comédienne] fait tout le mérite de la représentation par son jeu si vif et si vrai.

La Porte, *L'Observateur littéraire* (1759)

Cette comédie en trois actes est une des meilleures du Théâtre-Italien. Le déguisement de Dorante et de Silvia donne lieu à des situations intéressantes ; et l'on aime voir quel sera le succès des combats que l'amour livre continuellement à la raison.

Collé, *Journal et Mémoires* (1763)

Ses *Surprises de l'amour,* son *Jeu de l'amour et du hasard,* ses *Fausses Confidences,* etc., au lieu de vingt-quatre heures accordées à l'action d'une comédie, exigeraient, pour la vraisemblance, le temps, au moins, d'un an, de dix-huit mois. Il avait un art merveilleux pour rapprocher ces temps, en faisant, pour ainsi dire, passer le cœur par tous les différents mouvements en deux ou trois scènes, qu'il n'aurait dû éprouver qu'en deux ou trois ans.

Geoffroy, *Cours de littérature dramatique* (article publié en 1802)

Cette pièce, qui court les petits théâtres, paraît bien rarement sur la scène française [...]. C'est, à mon gré, son chef-d'œuvre. Ce poète ingénieux a trois pièces qui se disputent le premier rang : *La Surprise de l'amour, Les Fausses Confidences, Les Jeux de l'amour et du hasard* [*sic*]. Je donnerais la pomme à la dernière mais j'avertis que la plus belle de ces trois déesses n'est qu'une simple mortelle. [...]

La comédie des *Jeux de l'amour et du hasard* n'est pas seulement, comme toutes les pièces de Marivaux, une surprise de l'amour ; elle offre un fond sérieux et moral ; elle touche un point délicat qui intéresse le bonheur de la vie : la difficulté de se connaître avant de s'épouser. On peut s'assurer de la famille et des biens de la personne à qui l'on associe sa destinée, on voit sa figure et son extérieur, mais son caractère, son humeur, ses qualités, ses défauts, on ne connaît tout cela que lorsqu'il n'est plus temps ; le voile ne se lève qu'après le mariage. Les Orientaux se marient avant de s'être vus. Nous n'avons sur eux que l'avantage de voir le visage ; le cœur est voilé. [...]

On voit combien un pareil fond doit être riche en situations intéressantes. Marivaux a bien su en profiter : il a surtout égayé la scène par le contraste comique des sentiments et de la conduite des valets déguisés en maîtres et des maîtres déguisés en valets. Ce genre de comédie, quoique romanesque et très inférieur à la peinture des vices et des ridicules, est cependant préférable au tragique bourgeois, à ces drames absurdes pleins d'aventures extravagantes où l'on ne trouve que de lugubres chimères et des déclamations fatigantes : il y a du moins une sorte de vérité dans ces mouvements du cœur ; il en résulte des situations qui peuvent s'allier avec le comique ; l'esprit, la délicatesse, le sentiment y dominent. Si l'on a soin d'en écarter le mauvais goût, l'affectation et le jargon néologique, cette espèce de comique a son prix et peut tenir son rang sur la scène après les bonnes pièces de caractère et d'intrigue.

H. Lucas, *Histoire philosophique et littéraire du théâtre français depuis son origine jusqu'à nos jours* (1843).

Les Jeux de l'amour et du hasard [*sic*] manquent beaucoup plus de vraisemblance que *Les Fausses Confidences* ; il faut se prêter de bonne grâce au double déguisement de ces deux amants à qui l'idée vient en même temps de s'éprouver en prenant, l'un, un costume de soubrette, l'autre un habit de valet. Ils se retrouvent ainsi en présence et s'aiment sans le vouloir. La contrepartie des valets travestis* en maîtres est heureusement imaginée. Cette pièce est intriguée avec esprit et animée par de plaisants jeux de scène. L'auteur s'y trahit d'une manière ingénieuse et délicate, mais il y a moins de portée dans cette œuvre que dans *Les Fausses Confidences*... Elle fut composée pour l'actrice nommée Silvia.

C. Lenient, *La Comédie en France au XVIIIe siècle* (1888)

[*Le Jeu de l'amour et du hasard*], véritable partie carrée où la mascarade se joint au dialogue, est regardé à juste titre comme le chef-d'œuvre de Marivaux. On y retrouve toutes les qualités et les défauts brillants de l'auteur, avec une pointe de verdeur et de gaieté qu'il n'a pas toujours.

É. Henriot, *Le XVIIIe siècle* (1943)

Le Jeu de l'amour et du hasard : voilà la merveille ! Merveille de tout, d'agencement, de style, d'intrigue, de verve, de brio ; et tout à coup aussi de vérité, presque dramatique quand les auteurs de cette double fourberie se trouvent brusquement placés devant les conséquences de leur jeu.

P. Larthomas, *Le Langage dramatique* (1980)

Un bon texte dramatique est celui qui, chargé d'affectivité, offre, de ce fait, à l'interprète la possibilité d'utiliser le plus d'inflexions possible. Et de ce point de vue, il y a des textes pauvres et des textes riches. Nous donnerons comme exemple de ces derniers une réplique de Marivaux qui nous a toujours paru particulièrement remarquable. Lisette vante à Silvia les mérites de Dorante :

> Pardi ! tout en sera bon dans cet homme-là ; l'utile et l'agréable, tout s'y trouve.
>
> et Silvia s'écrie :
>
> Oui, dans le portrait que tu en fais, et on dit qu'il y ressemble, mais c'est un on-dit, et je pourrais bien n'être pas de ce sentiment-là, moi...

Il y aurait beaucoup à dire sur cette réplique, sur les coupes, le rythme, etc. C'est évidemment la possibilité qu'il offre à l'actrice de varier les inflexions qui nous retiendra ici. Le texte peut s'analyser ainsi :

« oui » : approbation feinte
« dans le portrait que tu en fais » : restriction
« et on dit qu'il y ressemble » : espoir
« mais, c'est un on-dit » : première objection, effet sur « on-dit »
« et je pourrais bien n'être pas de ce sentiment-là » : deuxième objection
« moi » : mot essentiel, « c'est mon bonheur et ma destinée qui sont en jeu ».

Bien que cette réplique soit au début de la pièce, l'exposition est assez adroite pour que cette phrase qui traduit l'émoi d'une jeune fille soit chargée d'affectivité par la situation même ; affectivité qui tient essentiellement à deux choses : d'abord aux relations de Silvia et de Lisette et au dialogue, ou plutôt à la discussion qui s'était déjà engagée quand le rideau s'est levé ; ensuite à l'exposition de sentiments plus intimes que Silvia exprime surtout pour elle-même plus que pour son interlocutrice. Les deux premiers éléments de la réplique nouent le dialogue (approbation, restriction), les autres expriment toute une gamme de sentiments : éléments d'approbation et d'opposition ; l'énoncé est d'abord impersonnel (emploi commode du *on*), puis personnel (mais il s'agit du *je*). On ne peut qu'admirer la densité psychologique du texte qui offre à l'actrice la possibilité d'user de sept inflexions différentes ; et nous trouvons ici une des lois fondamentales de tout bon langage dramatique qui se caractérise par *la concentration des effets*.

Pierre Larthomas, *Le Langage dramatique*, © PUF, 6e édition 1997.

2. Jugements sur le théâtre de Marivaux

Réflexions historiques et critiques sur le goût et sur les ouvrages des principaux auteurs anciens et modernes (1743)

De tous les auteurs qui ont écrit pour le Théâtre-Italien, je n'en trouve point qui soit aussi estimable que M. de Marivaux. Ses pièces sont bien conduites et pleines d'une certaine métaphysique aimable et gracieuse. Ses caractères sont toujours vrais, et puisés dans la nature. Sa morale est assaisonnée de tout l'esprit possible ; mais il y a dans ses pièces, d'ailleurs très jolies et très amusantes, un défaut, c'est qu'elles pourraient presque toutes être appelées *La Surprise de l'amour*. [...] Il serait à souhaiter que le style de ses comédies, d'ailleurs très bien écrites, fût un peu plus naturel : on a reproché à M. de Marivaux d'écrire d'une manière un peu guindée. Quand on a autant d'esprit qu'il en a, on devrait négliger de chercher à en faire trop paraître.

Chevrier, *Le Quart d'heure d'une jolie femme* (1753)

J'ai toujours regardé M. de Marivaux comme le *Racine* du théâtre comique ; habile à saisir les sensations imperceptibles de l'âme, heureux à les développer. Personne n'a mieux connu la métaphysique du cœur, ni mieux peint l'humanité. Sentiments nobles, jalousie élevée, amour-propre raffiné, plaisanterie de bon ton, gaieté subalterne, tout se trouve réuni dans les pièces de cet auteur qui ne sont un *jargon métaphysique* que pour ceux qui fuient les charmes du style, et qui ignorent le ton du théâtre.

Collé, *Journal et Mémoires* (1763)

Il a eu un genre de comédie à lui, sans action et sans incidents ; il a trouvé le moyen de plaire par la chaleur et le sentiment seul qu'il met dans ses pièces, où l'on aperçoit plus de délicatesse que de force, plus de choses finement senties que de passions. À la rigueur, ses comédies étaient plutôt faites pour être traitées en roman qu'en dramatique.

Lessing, *La Dramaturgie de Hambourg* (1767)

Ses plans ne présentent qu'une étendue fort restreinte ; mais en habile chorégraphe, il sait parcourir le cercle étroit qu'il s'est tracé à pas si petits et cependant si nettement gradués, qu'à la fin nous croyons avoir fait avec lui autant de chemin qu'avec un autre. (Traduction Suckau et Crouslé.)

Mayeul-Chaudon, *Bibliothèque d'un homme de goût* (1772)

M. de Marivaux a mis dans ses comédies des idées philosophiques, présentées d'une manière neuve, singulière et agréable. Personne ne développe avec plus de finesse les replis les plus cachés du cœur humain. Il cherche moins à peindre les ridicules qu'à inspirer l'humanité.

D'Alembert, *Éloge de Marivaux* (1785)

On l'accuse, avec raison, de n'avoir fait qu'une comédie en vingt façons différentes, et on a dit assez plaisamment que si les comédiens ne jouaient que les ouvrages de Marivaux, ils auraient l'air de ne point changer de pièce. Mais on doit au moins convenir que cette ressemblance est, dans sa monotonie, aussi variée qu'elle le puisse être, et qu'il faut une abondance et une subtilité peu communes pour avoir si souvent tourné, avec une espèce de succès, dans une route si étroite et si tortueuse. [...]
Le style peu naturel et affecté de ces comédies a essuyé plus de critiques encore que le fond des pièces même, et avec d'autant plus de justice que ce singulier jargon, tout à la fois précieux et familier, recherché et monotone, est, sans exception, celui de tous ses personnages, de quelque état qu'ils puissent être, depuis les marquis jusqu'aux paysans, et depuis les maîtres jusqu'aux valets. [...] Cependant, à travers ces conversations si peu naturelles, le cœur parle quelquefois un moment son vrai langage.

Geoffroy, *Cours de littérature dramatique* (article publié en 1802)

Marivaux a dédaigné d'étudier les mœurs et les caractères ; il s'est égaré dans le labyrinthe du cœur des femmes, occupé à fureter et à sonder une foule de plis et de replis qu'elles ne connaissent pas elles-mêmes. Ses comédies n'offrent ni tableaux ni portraits mais des miniatures de fantaisie qui ressemblent à tout et ne ressemblent à rien : il n'a voulu peindre que les

femmes ; ses figures d'hommes ne sont jamais que des accessoires qui se trouvent là par occasion ; et dans les femmes, il n'a peint qu'une seule chose : la manière dont elles se laissent surprendre par l'amour et les efforts qu'elles font pour déguiser aux autres et à elles-mêmes une passion naissante. Telle est l'analyse de toutes les pièces de Marivaux. Mais si cette monotonie de sujets est un grand défaut, l'inépuisable fécondité avec laquelle il a su varier ce fond uniforme, l'intérêt qu'il a su y répandre est un très grand mérite. [...]
Chez [Marivaux], l'esprit et le mauvais goût sont continuellement aux prises : sans cesse, il se tourmente pour se défigurer lui-même ; sa manie la plus bizarre est de donner à la métaphysique un jargon populaire et grossier, de travestir* la galanterie et la finesse en style bas et trivial, d'affubler des madrigaux d'expressions bourgeoises et familières : ses pensées les plus belles sont revêtues de haillons ; il valait mieux les laisser toutes nues. [...] Marivaux [...] se plaît à fagoter d'une manière burlesque ses imaginations les plus jolies et [...] habille ses épigrammes en proverbes des halles.
Un autre défaut insupportable de Marivaux, c'est sa malheureuse abondance, c'est son intarissable babil : quand il fait parler une femme, on dirait qu'il ouvre un robinet ; c'est un flux de paroles qui ne s'arrête point. Cette vérité de mœurs est pénible et fastidieuse mais on est dédommagé de tous ces désagréments par des situations piquantes, par des détails enchanteurs, par des mots très heureux. L'histoire de la société est sans doute plus agréable pour les bons esprits, et surtout plus instructive ; mais ce roman du cœur a ses charmes : on s'intéresse à la destinée de ces petits amours qu'un instant fait éclore, qui ne vivent qu'un jour et qui parcourent en si peu de temps leurs divers périodes jusqu'au mariage qui doit être leur tombeau. [...] C'est, pour [le spectateur], un cours de tactique galante.

Palissot, *Mémoires sur la littérature* (1803)

Ce jargon, dans le temps, s'appelait du *marivaudage*. Malgré cette affectation, peu de personnes ont eu plus d'esprit que M. de Marivaux, mais il s'est défiguré par un style entortillé et précieux, comme une jolie femme se défigure par des mines.
Le talent qu'il avait cependant pour la comédie, et pour saisir la vraie nature dans quelques-uns de ses romans, mérite une attention particulière. Aucun auteur n'a peint avec plus de vérité l'amour-propre des femmes. Cette passion prédomine en elles sur l'amour même et c'est ce que M. de Marivaux a parfaitement saisi dans leur caractère. On n'en trouve pas moins, dans la plupart de ses pièces, des scènes où ce qu'on appelle le sentiment est rendu avec la dernière délicatesse mais en général, il y mettait trop de métaphysique [...].
On a observé que les fables des comédies de M. de Marivaux étaient plutôt des fables de romans que de comédies. En effet, pour que l'action de ces pièces pût se passer naturellement, il faudrait lui supposer une durée de plusieurs mois ; et pourtant l'auteur trouve moyen de resserrer cette action dans l'espace de vingt-quatre heures, avec une sorte de vraisemblance. [...]

Lui seul a eu le secret de ces gradations de sentiments, de ces scènes heureusement filées qui lui tenaient lieu d'incidents pour soutenir son action. Ce n'était point là, sans doute le vrai genre de la comédie, mais c'était un genre personnel à l'auteur, un genre qui a su plaire et qui, d'ailleurs ne sera pas contagieux parce que M. de Marivaux avait un tour d'esprit original qui ne sera peut-être donné à personne.

C'est à la finesse extrême de ses observations, à la profonde connaissance qu'il avait du cœur des femmes, à l'analyse exacte qu'il avait su faire de leurs mouvements les plus cachés qu'il a été redevable de ses succès. En un mot, la vérité qui ne meurt jamais [...] fera vivre, malgré tous leurs défauts, la plupart de ses romans et de ses comédies et Marivaux sera toujours cité parmi les peintres de la nature mais il ne faut pas même songer à imiter sa manière.

P. de Barante, *Tableau de la littérature française pendant le XVIIIe siècle* (1809)

Pour achever ce tableau des principaux auteurs comiques, nous devons parler de Marivaux, dont les ouvrages ont un caractère singulier. Observateur minutieux du genre humain, il s'était fait une étude particulière de reconnaître les plus petits motifs de nos sentiments et de nos déterminations. C'était là son talent, et l'on ne peut disconvenir de la vérité de ses observations ; mais il ne faut pas se laisser abuser par ce genre de mérite, et l'on doit remarquer qu'en en faisant parade, on en diminue l'effet. Marivaux ne nous donne pas le résultat de son observation, mais l'acte même de l'observation. Les paroles de chaque personnage sont toujours arrangées de façon à montrer que la théorie de son cœur était bien connue de l'auteur. Une scène de Molière est une représentation de la nature ; une scène de Marivaux est un commentaire sur la nature. Avec une telle manière de procéder, il ne reste plus que peu de place pour l'action et pour le sentiment. L'auteur a attaché tant d'importance à expliquer les causes, que le résultat demeure sans effet. De là vient aussi que les comédies de Marivaux se ressemblent toutes, au point qu'on peut à peine distinguer l'une de l'autre ; c'est toujours un passage insensible d'un sentiment à un autre, décrit dans ses nuances successives. Il en résulte un défaut de plus, c'est qu'un développement fait ainsi lentement, et pas à pas, ne peut s'accorder avec la mesure de temps et d'événements contenus dans une comédie ; et cette progression si bien ménagée conduit justement à ce qu'elle voulait éviter, à l'invraisemblance.

A. W. Schlegel, *Cours de littérature dramatique* (1808-1814)

Que Marivaux soit maniéré, c'est une chose si généralement reconnue en France que l'on a même inventé, pour désigner son style, un mot à part, le *marivaudage*. Il faut avouer toutefois que sa manière est à lui, et qu'au premier coup d'œil elle n'est pas sans quelque charme. On ne saurait lui refuser de la finesse d'esprit, mais seulement elle s'exerce sur des objets trop minutieux. [...] L'expression naïve des mouvements de l'âme qui se trahissent involontairement, appartient à la sphère de la comédie. Mais dans les pièces de Marivaux, cette naïveté est préparée avec trop d'art ; elle recherche trop l'approbation, et prend trop de plaisir à se montrer. [...] Il faut connaître Marivaux, pour comprendre ce que c'est que de la naïveté sans naturel et sans innocence. Chez cet auteur, l'on aperçoit toujours le but dès l'origine, et l'attention se porte en conséquence sur le chemin par lequel il y arrivera. Il y aurait un vrai sentiment de l'art dans un tel genre, s'il ne devenait pas superficiel et insignifiant. De petites passions sont mises en jeu par de petits ressorts, soumises à de petites épreuves, et l'on avance à petits pas vers le dénouement. Il s'agit le plus souvent d'une déclaration d'amour, l'on emploie mille séductions pour l'obtenir, ou mille détours pour la faire passer à la dérobée. Marivaux n'a pas dépeint des caractères, et il n'a pas inventé des intrigues. Le nœud de ses pièces est, pour le plus souvent, un mot à demi prononcé qui reste suspendu sur les lèvres, on ne sait trop pourquoi. Du reste, ses motifs sont si uniformes, que lorsqu'on a lu une de ses pièces avec attention, on peut dire qu'on les connaît toutes. Malgré tout cela, il est dans mon opinion, fort supérieur aux auteurs qui se bornent à une stricte imitation de la vie. Il y a même des idées à recueillir dans l'étude de ses œuvres, car sa manière de considérer la comédie, quoique étroite et bornée, a pourtant quelque chose de particulier. (Traduction Mme Necker de Saussure.)

H. Lucas, *Histoire philosophique et littéraire du théâtre français depuis son origine jusqu'à nos jours* (1843)

Marivaux avait le grand tort de ne pas aimer Molière [...] et il abusa de l'esprit que le ciel lui avait donné. Il se fit un jargon précieux et alambiqué qu'il ne quitta jamais. Il s'étudia à ne pas parler naturellement : il aiguisa des pointes et fit briller des antithèses ; mais au milieu de tout cet artifice, il rencontra d'heureuses idées, il entendit l'art de la scène et créa des situations originales.

Marivaux en voulait au cœur des femmes ; il s'amusait à le piquer à coup d'épingles : toutes ses héroïnes sont douées d'une extrême sensibilité, elles ont l'épiderme fort chatouilleux. Vous voyez ces honnêtes personnes on ne peut plus tranquilles d'abord ; puis l'amour les surprend, les éprouve, les transporte, et cela dans l'espace de quelques minutes. Elles se trouvent jetées dans un tourbillon de contrariétés qui les poussent à des résultats inattendus. Elles parcourent toutes les phases du sentiment, sans trop sortir des convenances sociales. Leur passion ressemble à ces fleurs exotiques qui, placées en serre chaude, atteignent soudainement le plus haut période de leur croissance. Les pièces de Marivaux ont l'air d'une gageure proposée par un homme habile et sûr de son fait. [...] Tout en torturant les femmes, Marivaux professe beaucoup de respect pour elles. [...] Le style de Marivaux offre un singulier mélange de locutions triviales et recherchées, de sentiments alambiqués et d'observations très naturelles. Il prétend l'avoir modelé sur les conversations de son temps. Marivaux rencontre parfois la naïveté au milieu de tout son papillotage. [...] Il s'exhale, après tout, des pièces de Marivaux, un parfum de pudeur et de chasteté amoureuse qui ravit le cœur. Nous ne sommes pas étonnés qu'un archevêque lui-même, l'archevêque de Sens, n'ait pas hésité à répondre au discours de Marivaux lors de la réception de cet auteur à l'Académie. Cependant le digne prélat ne laissa pas que d'être embarrassé pour parler de choses du théâtre, et les détours qu'il prit à ce sujet durent singulièrement amuser les beaux esprits du temps. C'était une véritable comédie à la façon de Marivaux ! À entendre l'archevêque, il louait par ouï-dire ; mais ses appréciations justes et brillantes prouvaient à chaque parole qu'il savait par cœur son Marivaux.

Sainte-Beuve, *Les Causeries du lundi* (1854)

On a très bien remarqué que, dans ses comédies en général, il n'y a pas d'obstacle extérieur, pas d'intrigue positive ni d'aventure qui traverse la passion des amants ; ce sont des chicanes de cœur qu'ils se font, c'est une guerre d'escarmouche morale. [...] Marivaux met la difficulté et le nœud dans le scrupule même, dans la curiosité, la timidité ou l'ignorance, ou dans l'amour-propre et le point d'honneur piqué des amants. [...] Ce nœud très léger qu'il agite et qu'il tourmente, il ne faudrait pas s'y prendre d'une certaine manière pour le dénouer à l'instant ; il n'a garde de le faire, et c'est ce ménage, ce *tatillonnage* bien mené et semé d'accidents gracieux, qui plaît à des esprits délicats. [...]

Les valets et les soubrettes de Marivaux, ses *Frontin* et ses *Lisette* ont un caractère à part entre les personnages de cette classe au théâtre. Les Scapin, les Crispin, les Mascarille, sont assez ordinairement des gens de sac et de corde : chez Marivaux, les valets sont plus décents ; ils se rapprochent davantage de leurs maîtres ; ils en peuvent jouer au besoin le rôle sans trop d'invraisemblance ; ils ont des airs de petits-maîtres et des manières de porter l'habit sans que l'inconvenance saute aux yeux.

C. Lenient, *La Comédie en France au XVIIIe siècle* (1888)

Il faut avouer que nous sortons avec [les œuvres de Marivaux] de la tradition classique, de la haute comédie de caractère, pour entrer dans la comédie de mœurs, de salon et de société. [...] Dans cette métamorphose, la muse comique a baissé le ton, diminué son cadre, amoindri la vigueur et le relief de ses portraits. Elle s'est faite surtout aimable, spirituelle, coquette et minaudière. Aux grandes analyses de sentiment et de caractère, aux grandes vérités morales, vont succéder les petits riens du beau monde, saupoudrés de réflexions philosophiques, les petits jeux de cache-cache et de colin-maillard, comme ceux des bergers et des bergères de Boucher. La trame dramatique garde un rare mérite de finesse et de subtilité : elle nous offre, vue d'ensemble, un tissu ondoyant et chatoyant. [...]

Au lieu de creuser, comme Molière, au fond du cœur humain, d'en marquer les grands traits, il en effleure l'épiderme, il en saisit les mille accidents secondaires. Ce n'est plus une grande passion maîtresse qui s'impose et déborde, mais une série de petites émotions et de petites affections, qui se poussent doucement l'une l'autre ou se heurtent sans bruit et sans éclat. En dépit du proverbe, on ne peut dire ici que les petits ruisseaux font les grandes

rivières. Il n'y a point de vagues ni de tempêtes, mais seulement des ondulations et des frémissements aussi légers que le frôlement d'une robe ou le coup d'éventail d'une grande dame. [...]
Parmi les mobiles humains, l'amour-propre, c'est-à-dire l'égoïsme doublé de vanité, occupe une large place dans le théâtre comme dans le cœur de Marivaux, comme dans la société qui l'entoure. Son influence s'étend même sur les amants. L'exaltation intense et aveugle leur est inconnue. Ils discutent, spéculent et jouent avec leurs sentiments. L'amour s'assoupit parfois et tourne en simple amitié : alors on invente de petits moyens ingénieux pour le réveiller [...]. Une autre fois, [...] il émigre et s'en va d'un cœur à l'autre. Marivaux se flatte d'avoir introduit au théâtre une nouvelle conception de l'amour. [...]
L'amour se fait ainsi à lui même une petite guerre de chicane comme un procureur litigieux. Il ergote, il dispute, il se dissimule, se glisse en tapinois sans mot dire, se torture et s'agace souvent faute d'avoir su s'expliquer. [...]
Les préliminaires et les assauts se multiplient à l'infini avant la capitulation. Aussi a-t-on dit que les amants de Marivaux s'aiment le plus tard qu'ils peuvent, et se marient le plus tôt qu'il est possible[1]. Dans l'intervalle, l'auteur se plaît à suivre et à noter scrupuleusement les progrès de la passion. Il a inventé une sorte de thermomètre de l'amour, depuis la glace fondante jusqu'au cœur bouillant, avec une échelle multiple de degrés centigrades. L'amour ne doit être à ses yeux ni une chaîne ni un supplice, mais un état agréable où chacun trouve son compte : l'égoïsme à deux bien entendu et couronné par le bonheur.

É. Faguet, *Le XVIIIe siècle* (1890)

Quoi ! point d'intrigue ; point de quiproquo ; point d'obstacle extérieur au bonheur des amants, point de circonstance accidentelle qui les réunit ; — et point de tuteur barbare, de père terrible, d'oncle sauvage et stupide ; — et pas davantage de *peinture de la société* (oh ! non !) ; point de traitants, d'agioteurs, de femmes d'intrigue, de chevalier d'industrie, de « chevaliers à la mode », de valets flibustiers, de parvenus, de femmes galantes, de dévotes, de directeurs ; — et point non plus de *comédies de caractère* : point de pièce qui s'intitule le distrait, l'inconstant, le maniaque, le disputeur, le décisionnaire, le grondeur, le grave, le triste, le gai, le sombre, le morne, l'acariâtre, le tranquille, l'amateur de prunes, et qui nous offre le divertissement de dix lignes de La Bruyère en cinq actes ! — Quel singulier théâtre ! Voilà qui ne ressemble à rien ! Mais déjà c'est quelque chose que cela, et l'on en est comme tout reposé et rafraîchi. [...] Ce théâtre, qui contient si peu de *réalité*, contient plus de *vérité* que beaucoup d'autres. [...]
La comédie de l'amour, voilà ce qu'il a écrit, et que personne n'avait écrit avant lui. Racine en avait fait le drame, et précisément Marivaux est un Racine à mi-chemin, un Racine qui ne pousse pas le conflit des passions de l'amour jusqu'à leurs conséquences funestes, et qui, par cela, reste auteur comique, un Racine qui n'écrit que le second acte d'*Andromaque*.

---

1. D'Alembert, *Éloge de Marivaux*.

GLOSSAIRE

Abyme (mise en) : procédé de mise en miroir, de dédoublement, comme lorsque qu'une pièce de théâtre met en scène des comédiens jouant une autre pièce de théâtre (cf. le thème du théâtre dans le théâtre).

Acteur : aux XVIIe et XVIIIe siècle, le mot signifie à la fois « comédien » et « personnage ». Il tient ce double sens du mot latin dont il vient, *actum* : « qui agit ».

Allégorie : ouvrage dans lequel on représente un objet pour donner l'idée d'un autre, un personnage pour représenter un sentiment, etc.

Aparté : réplique prononcée par un acteur mais qui est supposée n'être entendue que des spectateurs.

Apologie : discours généralement laudateur tenu dans le but de justifier ou de défendre une personne ou une idée.

Champ lexical : ensemble de mots regroupés autour d'une notion particulière.

Cynique : qui méprise ostensiblement les convenances, la morale.

Déguiser : changer de vêtement, d'apparence. Verbe à ne pas confondre avec « travestir » (voir à ce mot).

Dialogue : discussion à plusieurs personnages, contrairement aux monologues. (Le mot dialogue ne suppose pas que seulement deux personnes soient en conversation ; lorsque le nombre d'intervenants est plus important, on parlera de dialogue à trois, quatre, etc. personnages.)

Didascalie : le mot désigne toutes les interventions de l'auteur dans sa pièce ; il regroupe donc les indications scéniques (généralement en italique) mais aussi le nom des personnages en tête de chaque réplique ou encore les numéros d'acte ou de scène.

Duplicité : état de ce qui est double ; caractérise la mauvaise foi consistant à se présenter sous des apparences autres que la réalité dans le but de tromper.

Grivois : libre, hardi, leste, voire osé mais non obscène.

Hyperbole : figure de style par laquelle on augmente (ou diminue) excessivement la vérité des choses pour produire une impression plus forte.

Hypocrite : faux, déguisé, affecté. Le mot vient du grec *hupokrisis* signifiant au sens propre « rôle joué ».

In medias res : expression latine signifiant « au milieu des choses ».

Métaphore : figure de style par laquelle on transporte un mot du sens propre au sens figuré.

Monologue : réplique prononcée par un personnage seul en scène ou ne s'adressant qu'à lui-même, ce qui permet généralement d'exprimer une tension intérieure.

Paroxysme : le point culminant, la plus forte intensité d'un accès, d'une douleur, d'un sentiment, etc.

Polémique : qui tient à la dispute, pour soutenir une opinion contre une autre, pour dénoncer une situation, etc.

Redondant : surabondant ou répétitif.

Réplique : partie du dialogue prononcée en une seule fois par un personnage.

Travestir : changer de costume, d'apparence dans le but de se faire passer pour appartenant à un autre sexe ou à une autre condition. Verbe à ne pas confondre avec « déguiser » (voir à ce mot).

BIBLIOGRAPHIE SOMMAIRE

1. SUR MARIVAUX ET SON THÉÂTRE EN GÉNÉRAL

Bénac (Karine), *Marivaux*, Ellipses, Paris, « Mentor », 1999.

Blanc (André), *Le Théâtre français au XVIIIe siècle*, Paris, Ellipses, « Thèmes et études », 1998.

Coulet (Henri) et Gilot (Michel), *Marivaux, un humanisme expérimental*, Paris, Larousse, « Thèmes et textes », 1973.

Deguy (Michel), *La Machine matrimoniale ou Marivaux*, Paris, Gallimard, « Tel », 1986.

Deloffre (Frédéric), *Une préciosité nouvelle : Marivaux et le marivaudage*, Genève, Slatkine, 1993.

Fabre (Jean), « Marivaux », dans *Histoire des littératures*, Paris, Gallimard, « Pléiade », 1958, t. III, p. 677-695.

Jouvet (Louis), « Marivaux, le théâtre et ses personnages », *Conferencia*, 15 juin 1939, p. 17-36.

Jutrin (Monique), « Le théâtre de Marivaux : une phénoménologie du cœur ? », *Dix-huitième siècle*, n° 7, 1975, p. 157-179.

Poulet (Georges), *Études sur le temps humain*, Paris, Plon, 1952 (« Marivaux », t. II, p. 1-34).

Ratermanis (J.-B.), *Étude sur le comique dans le théâtre de Marivaux*, Paris, Minard, 1961.

Rousset (Jean), *Forme et signification : essai sur les structures littéraires de Corneille à Claudel*, Paris, J. Corti, 1982 (chap. III : « Marivaux ou la structure du double registre »).

Scherer (Jacques), « Le jeu de la vérité et les jeux du langage dans le théâtre de Marivaux », dans *Marivaux*, publié par S. Chevalley, Paris, Comédie-Française, 1966, p. 21-26.

Stewart (Philip), *Le Masque et la parole : le langage de l'amour au XVIIIe siècle*, Paris, J. Corti, 1973 (chap. IV : « Marivaux : un badinage sérieux »).

Tastet (Claire), « Le lieu dans le théâtre de Marivaux », *Revue Marivaux*, n° 5, 1995, p. 71-80.

2. SUR *LE JEU DE L'AMOUR ET DU HASARD*

Baladier (Louis), « Le marivaudage » [explication de l'acte I, scène 7], *L'École des Lettres II*, n° 12, 1987, p. 29-38.

Barrera-Vidal (Albert), « Les différents niveaux de langue dans *Le Jeu de l'amour et du hasard* », *Die Neueren Sprachen*, août 1966, p. 378-384.

Bénac (Karine), « Dédoublement et théâtralité : de la stratégie sociale à l'énigme du soi dans *Le Jeu de l'amour et du hasard* », *Revue Marivaux*, n° 5, 1995, p. 17-28.

Cavillac (Cécile), « Commentaire composé de la scène 4 de l'acte I du *Jeu de l'amour et du hasard* », *L'Information littéraire*, mai-juin 1996, p. 20-29.

Gawdat Osman (Gusine), « Quand les gueux mènent le jeu ou Marivaux entre l'ordre et le désordre à travers une lecture plurielle du *Jeu de l'amour et du hasard* », dans *Marivaux et les Lumières*, actes du colloque d'Aix-en-Provence (juin 1992), Aix-en-Provence, Publications de l'université de Provence, 1996, p. 25-42.

Paillet-Guth (Anne-Marie), « Le discours d'exposition dans *Le Jeu de l'amour et du hasard* : efficacité et réflexivité », dans *Masques italiens et comédie moderne : Marivaux, « La Double Inconstance », « Le Jeu de l'amour et du hasard »*, publié par A. Rivara, Orléans, Paradigme, « Références », 1996, p. 193-218.

Pappas (John), « Le réalisme du *Jeu de l'amour et du hasard* », *Essays on the age of Enlightenment in Honor of Ira O. Wade*, Genève, Droz, 1977, p. 255-260.

Rubellin (Françoise), *Marivaux dramaturge : « La Double Inconstance », « Le Jeu de l'amour et du hasard »*, Paris, Champion, 1996.

3. SUR LE THÈME « MAÎTRES ET VALETS »

Barbier (Catherine) et Jedynak (Sylvie), *Le Mariage de Figaro*, Paris, Ellipses, « Résonances », 1999.

Boulhol (Véronique), *Le Barbier de Séville*, Paris, Ellipses, « Résonances », 1997.

Charbonnier (Gil), Jaines (Danielle), *L'Île des esclaves*, Paris, Ellipses, « Résonances », 1999.

Got (Olivier), *Les Fausses Confidences*, Paris, Ellipses, « Résonances », 1997.

Howlet (Sylvie), *Maîtres et Valets dans la comédie française du XVIIIe siècle*, Paris, Ellipses, « Bac blanc », 1999.

Jedynak (Sylvie), *Maîtres et Serviteurs*, groupement de textes, CRDP Midi-Pyrénées, 1997.

Maîtres et Valets dans la comédie française du XVIIIe siècle, Paris, Ellipses, « Résonances », 1997.

TABLE DES MATIÈRES

Achevé d'imprimer en août 1999 dans les ateliers de Normandie Roto Impression s.a., 61250 Lonrai
N° d'impression : 991762 Dépôt légal : août 1999